스케치북 펼치다

한국현대수필 100 년 　사파이어문고 ⑯

은종일 에세이
스케치북 펼치다

인쇄 | 2024년 3월 5일
발행 | 2024년 3월 12일

글쓴이 | 은종일
펴낸이 | 장호병
펴낸곳 | 북랜드
　　　　06252 서울 강남구 강남대로 320, 황화빌딩 1108호
　　　　41965 대구시 중구 명륜로12길 64(남산동)
　　　　대표전화 (02)732-4574, (053)252-9114
　　　　팩시밀리 (02)734-4574, (053)252-9334
　　　　등록일 | 1999년 11월 11일
　　　　등록번호 | 제13-615호
　　　　홈페이지 | www.bookland.co.kr
　　　　이-메일 | bookland@hanmail.net

책임편집 | 김인옥
기　　획 | 전은경
교　　열 | 배성숙 서정랑

ⓒ 은종일, 2024, Printed in Korea
저자와 협의하여 인지를 생략합니다.

ISBN 979-11-7155-048-7 03810
ISBN 979-11-7155-049-4 05810(E-book)

값 15,000원

한국현대수필 100년
사파이어문고 ⑯

스케치북 펼치다

은종일 에세이

북랜드

책을 내면서

수필집, 시집, 평론집 모두 일곱 권을 내면서 그때마다 각각 감회를 달리하였다. 하지만 창작에 대한 문학적 갈증만은 매양 하나같았다. 이번에 에세이집 『스케치북 펼치다』를 내면서도 예외가 아니다.

돌이켜 보면 사춘기 청소년 고등학생이었던 나에게 있어서 당시 김형석 교수의 에세이 『고독이라는 병』, 『영원과 사랑의 대화』와의 조우는 문학에 눈뜨게 한 크나큰 축복이었다. 단방에 홀딱 빠졌다. 밤을 지새우며 지적 충만감에 눈시울 붉혔던 그때의 행복한 기억이 무릇 문학의 자양분이 되고 있다.

'나는 앞으로 어떤 길을 걷다가 어떤 길 위에서 내 삶을 끝낼 것인가?'라는 물음이, '예스yes는 언제나 주어진 내용에 양量을 더하는 것뿐이지만 노no는 질質적 비약을 초래하는 놀라운 힘의 판단이다.'라는 지혜의 말씀이 청년의 길잡이자 장년기는 물론 노년에 이르기까지 삶의 교훈으로 남아있다. 이러한 연유로 일찍부터 에세이스트가 로망으로 자리 잡았다.

  수필로 시작한 문학 공부가 크로스오버crossover(독립 장르의 뒤섞임)와 하이브리드hybrid(혼성) 현상에 따라 시와 평론으로 넘나들면서 어느덧 스무 해를 맞았다. 장르 불문하고 창작의 길은 로버트 프로스트의 '가지 않는 길'이었고, 문우들과 함께 낸 보람찬 루쉰의 길이었다. 늦깎이 작가의 '문학에 몸을 묻는다'라는 문생문사文生文死의 다짐이 문학에의 사랑이자 창작의 에너지였다. 끝까지 함께 가보고 싶다.

2024년 초봄
은종 일 殷鍾一

차례

• 책을 내면서

1 그냥

- 13 　 길을 보다
- 17 　 그 꽃, 구절초
- 21 　 스케치북 펼치다
- 25 　 공동 우승
- 29 　 그냥
- 32 　 무엇에나
- 36 　 비그이 비꽃
- 40 　 역리逆理
- 44 　 외딴곳에서의 단상
- 48 　 인호印號, 해방둥이

신나는 춤을 2

유병득약有病得藥	55
초역전超逆轉	60
메시지 '1984'	65
벌새 효과	69
왜놈들이니까	74
차이를 차별하다	79
당근과 채찍을 넘어	83
신나는 춤을	87
역발상의 숲	91
아부 아첨의 방향	96
하계下計	100

3 트로이 목마

107 플라톤의 '행복의 조건' 음미
112 톨스토이 잠언箴言
117 트로이 목마
121 함무라비의 외침
125 위대한 역리逆理
130 죽음과 문학
135 공성전攻城戰 유감
139 카이사르의 명언 조명
145 공자를 통해서 보다
149 사랑의 헌시, 신곡

살맛 4

결혼 인턴 155
살맛 159
장이야! 멍이야! 163
문명의 충돌 168
민망한 전화위복 173
육신사六臣祠에서 177
베아트리체 첸치를 만나다 182
멀티플레이어 헐버트 187
동명이찰同名異刹 법주사法住寺 192
화양구곡에서 화양연화를 보다 197

5 삶의 완성

- 203 선비정신의 형상화, 세한도
- 207 영원한 '도대체'
- 212 〈별이 빛나는 밤에〉에서 관계를 읽는다
- 216 굴신屈身
- 220 삶의 완성
- 223 과정過程의 가치
- 227 나팔꽃의 꿈
- 229 4연然
- 232 퇴고推敲
- 236 찰스 램과의 동행
- 241 수필, 문학을 짓는다

1
그냥

길을 보다

그 꽃, 구절초

스케치북 펼치다

공동 우승

그냥

무엇에나

비그이 비꽃

역리逆理

외딴곳에서의 단상

인호印號, 해방둥이

길을 보다

    길을 걸으며 길을 본다. 본디 길이란 인류의 생존 역사와 그 궤를 함께하였을 것이다. 계곡의 굴에 터를 잡고서 먹을 것을 구하고, 물을 떠다 나르며 생긴 것이 길의 첫 모습이었을 것이다. 필시 이것이 인구와 물류의 증가로 소로, 중로, 대로로 발전되었을 것이고. 인간의 의식과 주거 사이를 연결하는 공간적 선형으로서의 길이다. 이제 거미줄같이 얽혀지는 도로 건설이나 운영을 위해서 복잡한 관계 법령까지 두고 있으니, 이것이 바로 현재진행형 길의 진화일 터이다.

    길이라고 하면 자연스럽게 생긴 통로를 연상하지만, 도로라 하면 일부러 닦아 건설한 큰 규격의 길을 떠올리게 된다. 한자어의 대표적 길의 이름이 경徑·도道·노路이다. 『주례周禮』의 주석에 따르면 "경徑은 우마를 수용하고, 진畛은 대거大車를 수용하고, 도塗는 승거乘車 한 대를 수용하고, 도道는 두 대를 수용하고, 노路는 세 대를 수용한다."라고 하였다. 이를 참작하건대 경徑은 우리의 오솔길이나 소로길에, 도道는 그보다 좀 나은 길에, 노路는 가장 큰길에 해당할 것 같다.

 길은 순수 우리말이다. 길 이름에는 넓은 길보다 좁은 길, 쉬운 길보다 험한 길, 질러가는 길보다 에둘러 가는 길의 이름이 많다. 우리 민족사의 일면을 보는 듯도 싶다. 마을에는 집 뒤편의 뒤안길, 질퍽질퍽한 진창길, 자갈 많은 자갈길, 좁은 골목 고샅길, 폭넓은 한길이 그것들이다. 들에 나가면 논밭으로 이어진 들길, 논두렁 위의 논틀길, 거친 잡풀이 무성한 푸서리길, 아무도 지나가지 않은 눈 위의 숫눈길을 만난다. 산에는 좁고 호젓한 오솔길, 휘어진 후밋길, 낮은 산비탈의 자드락길, 인적이 없는 자욱길, 돌이 무더기로 깔린 돌너덜길이 어서 오라고 손짓한다. 강이나 바다에도 벼랑의 위험 천만한 벼룻길이 곡예를 즐기고 있다. 어디 땅에만 길이 있겠는가. 땅 밑으로 다니는 지하길, 배가 다니는 바닷길, 비행기가 다니는 하늘길이 있다.

 길의 기의는 역사적이고 철학적이며 중의적이다. 길은 교통수단만을 의미하지 않는다. 삶 안에도 길이 있다. 나의 길이 있고, 우리의 길이 있다. 길은 삶의 방법을 의미하거나 삶 그 자체다. 또 길엔 공맹지도孔孟之道이니 군자대로행君子大路行이니 하는 유불儒佛 사상의 실천적 규범인 도道라고 일컫는 길이 있다. 선비의 길, 군인의 길, 부모의 길, 스승의 길이 그것들이다. 이처럼 통행수단으로서의 길, 방도를 나타내는 길, 행위의 규범으로서의 길이다.

'길'이란 말은 단어 자체만으로도 '도로'나 '거리'라는 말보다 대단히 문학적이다. 로버트 프로스트는 「가지 않는 길」에서 '훗날 훗날에 나는 어디에선가/ 한숨을 쉬며 이야기할 것입니다/ 숲속에 두 갈래 길이 갈라져 있었다고/ 나는 사람이 적게 간 길을 택하였다고/ 그것으로 해서 모든 것이 달라졌더라고', 하면서 삶은 선택의 길이라고 읊고 있다.

'갈래갈래 갈린 길/ 길이라도/ 내게 바이 갈 길은 하나 없소.'라고 했던 김소월의 「길」, '내가 사는 것은, 다만,/ 잃은 것을 찾는 까닭입니다.'라고 했던 윤동주의 「길」은 둘 다 식민지 현실에서 올바른 삶의 길을 탐색하고 있다. 두 「길」은 끊임없이 자신 내면을 들여다보는, 자아 성찰과 탐색의 공간으로서의 인생 그 자체다. 로버트 프로스트의 「가지 않는 길」처럼 개인의 길이 있는가 하면, 김소월, 윤동주의 두 「길」처럼 애국의 길이 있고, 루쉰의 길처럼 함께 걸어서 내는 인류 보편적 가치 실현의 길이 있다.

우리네 인생은 곧 길이요, 여정의 발길이 곧 삶이다. 우리는 삶의 길에서 길을 물으며 살아간다. 출세해서 이름을 드높일 길이거나, 득도를 위한 수도자의 길이거나, 구원을 갈구하는 고행의 길이거나, 장삼이사 생업의 길이거나 모두가 길 위에서 길과의 만남이다.

세상에 똑같은 길은 없다. 유형의 통로는 말할 것도 없이 삶의 길도 각기 다른 저마다의 길만 있을 뿐이다. 순탄한 길이 있는가 하면, 누군가는 갈피를 못 잡아 헤매고, 누군가는 선택을 잘 못해서 버거워하고, 누군가는 잘 못 들어 어려움을 겪는다. 오르막이 있는가 하면 내리막이 있고, 툭 터진 뚫린 길이 있는가 하면 막다른 길이 있다.

　그렇다. 지름길이 있는가 하면 에움길이 있고, 순로가 있는가 하면 험로가 있다. 인생은 결국 방향과 속도의 문제다. 지름길 에움길에도, 순로 험로에도 각기 장단점이 있기 마련이다. 인생길엔 정답은 없고, 해답을 찾는 선택만 있을 뿐이리라.

　인생, 해답을 찾아가는 선택과 선택의 길이려니.

-《리더스에세이》제27호(2022.가을)

그 꽃, 구절초

　　　　　성못길 뒷골 양지뜸에 들국화 한 무리 꽃을 피웠다. 갈바람에 새하얗게 하늘하늘 일렁인다. 그리움의 꽃 물살로 다가온다. 찾는 이 없는 고즈넉한 계곡에 거르지 않고 꽃 피워 향기를 방사한다. 어긋난 타원형의 잎 둘레가 톱니처럼 잘게 갈라진 데다 꽃잎이 어린 티 분홍빛을 갓 벗은 백색이다. 보라색인 쑥부쟁이와 구별되는 구절초다. 눈에 익은 구절초를 보면서 문득 있어서 부르는 그 이름, 어디서도 찾을 수 없는 '그 꽃'을 떠올린다.

　　　　　들국화이지 싶어 물어보면/ 구절초이고// 또 들국화이지 싶어 물어보면/ 쌍둥이 같은 노란 꽃/ 산국과 감국으로 나뉘고// 또다시 들국화이지 싶어 물어보면/ 생뚱맞은 이름/ 쑥부쟁이란다// 앞들 뒷들 훑고 다녀도/ 감국 산국 구절초는 있는데 들국화는 없다// 앞산 뒷산 훑고 다녀도/ 개미취 뇌향국 쑥부쟁이 갯국화 해국/ 그늘취 참취 미역취 지천인데 들국화는 없다/ 강변 해변에도 없다// 어찌하여 들국화는 없는가/ 있어서 부르는 그 이름/ 어디서도 찾을 수 없는 그 꽃

 졸시 「그 꽃」의 전문이다. 구절초, 산국, 감국, 쑥부쟁이, 갯국화, 해국, 개미취, 그늘취, 참취, 미역취는 있는데 들국화는 없다. 있어서 부르는 꽃 이름이건만 이 땅 어디에서도 찾을 수 없다. 우리가 사용하는 들국화란 말이 가을철에 꽃 피우는 국화과에 속하는 무리를 통틀어서 부르는 애칭이어서다.
 우리나라에서 자생하는 국화과에 속하는 무리 가운데 들국화로 불리는 대표적인 것이 구절초다. 어릴 적 할머니는 밭두렁의 구절초를 꺾어 말리어 베개 속에 넣어 방향을 즐기셨다. 어머니도 대를 이어 그렇게 하셨다. 어린 소견에도 할머니 어머니 모두 혼자이신데 방향마저 외롭게 즐기시는구나 하면서 애잔한 마음이 일었다. 훗날 구절초가 두통과 탈모에, 머리칼을 검게 하는 데 효과가 있다는 사실에서 여인네들의 여성이고자 하는 본원적 소망을 생각하기에 이르렀다.
 음력 9월 9일 중양절에 채취한 것이 가장 약효가 좋다고 해서 구절초九節草, 단오에 다섯 마디 자라는 줄기 마디가 중양절에 아홉 마디가 된다고 하여 '꺾는다'의 절折을 따와 구절초九折草라 하였다. 이것

이 구절초九節草, 九折草의 유래다. 음력 3월 삼짇날엔 진달래 화전에다 진달래 술을 먹고, 중양절에는 구절초 국화전에다 국화술을 먹는 것이 고유한 민속이었다.

구절초는 뿌리, 줄기, 잎, 꽃 등 버릴 것 없이 전초가 약용으로 쓰였다. 부인병, 건위, 보익, 신경통, 정혈, 식욕 증진, 중풍, 강장에 효과가 있다는 국민적 약초였다. 현대에 이르러 과학적으로 비만 억제제인 클리샌더민과 눈과 간 기능 회복제인 비타민 A와 B1이 밝혀졌다. 게다가 부인병인 불임과 생리통, 공기 정화 등에 큰 효험이 있다는 사실까지 밝혀졌다. 식용, 약용, 관상용으로 민족의 삶에 들어와 있던 꽃이다. 가히 국민적 보배였다고 할 만하다. 특히 아이를 가지지 못하는 여인이 구절초 달인 차를 마시면 아이를 가진다는 전래 이야기로 선모초仙母草라 불리어 왔으니 이 땅의 여인들에겐 방향초, 약초를 넘어 영초靈草의 반열에 오를 만하다.

이렇듯 국민적 보배요 이 땅 할머니 어머니들의 영초였던 구절초였건만, 일찍이 본디 가치를 알아보지 못했다. 산야 여기저기에서 흔하디흔하게 볼 수 있어서였던가. 흔하면 지나치는 인지상정이어서였던가. 노년에 이르기까지 살갑게도 여기지 못했다. 소가 닭 보듯, 심지어 제비가 곡식 보듯 무관심하였다. 어쩌면 삶 안에서 수시로 만나는 수많은 것들 가운데 얼마나 많은 구절초가 있을까 하는 생각의 비약은 왜일까. 일상에서 만나는 대상의 존재 가치를 그냥 무심하게 지나치는 허릅숭이의 반추일 듯싶다.

늦깎이 눈으로 살펴본 구절초가 이 땅을 살아온 여인들을 빼닮았다는 생각을 지울 수 없다. 이처럼 소박하고 의연하게 꽃을 피우는, 늦가을 서릿발에도 청아하고 꿋꿋하게 버티어 서서 향기를 내뿜는 기품에서 백의 여인의 희생과 정절을 보아서다.

국화술, 국화채, 국화전이 아니어도 좋다. 구절초 꽃 피면 가을이 오고, 구절초 꽃지면 가을이 가는데, 달인 물에 말린 꽃 우려내는 국화차라도 마시면서 만추를 기리고 싶다. 서너 줄기 꺾어 킁킁 코에다 비비대자니 먼저 입안에 꽃물부터 서린다.

-《대구문학》제184호(2023.1)

스케치북 펼치다

　　　　　　내가 찾아가는 고향은 유년의 무지개가 뜨는 곳이다. 군위군 소보면, 의성군 구천면, 구미시 도개면을 품어 안고 용오름으로 우뚝 선 청화산의 동녘, 맑은 위천이 휘돌아가는 청산유수의 양지이다. 전래 이름 낭성浪城이다. 그 옛날 어느 방향으로도 삼십 리를 걸어 나가야만 대처로 연결되는 벽촌, 게 등짝 같은 지붕을 이고 사십여 초가가 옹기종기 모여 살면서 예와 효의 미담이 눈 맑은 아이들 키워냈던 곳이다. 구불구불한 길, 구부러진 논·밭둑, 물길 따르는 실개울, 등 굽은 소나무 등 곡선의 부드러움이 한바탕 어우러진 그대가 그려도 좋을 한 폭의 동양화다.
　　옛집에 들어선다. 나이테로 칭칭 동여맨 늙은 감나무가 할아버지 등처럼 꾸부정하게 지켜 서 있다. 세월이 거침없이 지나가서인지 추녀 서까래는 검어도 얼룩이다. 잊으려도 잊을 수 없는 향수의 책갈피다. 마른 속살 시래기 같은 시간이 가슴마다 가슴 시린 처마 밑 외줄에 걸려 있고, 푸른 이끼 장독대는 어머니의 부재를 알린다. 어머니가 보살폈던 토담 밑 제비꽃 마을은 흔적조차 사라졌다. 뉘엿뉘엿 뒷산에 홍조를 불러오는 해거름, 저녁까치가 나를 보고 종종걸음으로 찾아와서 꺅꺅 꺅꺅 나무란다.

"왜 이제 왔느냐고?"

잡초가 터를 넓히고 키를 키우는 마당에 서서 스케치북을 펼친다.

아련한 여름밤 풍경이다. 끓는 솥에 국숫발이 풍덩풍덩 뛰어든다. 남겨진 홍두깨는 홀어머니이다. 애호박 넣은 칼국수에 배를 불린 식구들, 깔아놓은 멍석의 다음 차례는 모깃불이었지. 매캐한 연기는 흔들흔들 제멋대로 일렁이고, 캄캄한 솔숲에서는 소쩍새가 구슬피 울어댄다. 전쟁터에 신랑 잃은 숙모는 번개 손바닥으로 암수 쌍으로 달라붙은 두 마리 모기를 한꺼번에 잡는다. 삼태성 북두칠성의 좌표가 찍어내는 밤하늘은 어머니와 숙모 두 청상과부의 가슴으로 들어오고, 도란도란 얘기하며 건너는 은하수에다 깃털의 화살에 한숨을 꽂아 날린다. 이때쯤 습관적으로 졸라댄 옛날이야기는 뿔 세 개 달린 도깨비다. 여름밤은 반쯤 열린 젖무덤이다. 무서운 내가 베고 누운 어머니의 무릎이다.

건너편 옛적 종조부님 집에 들어서자 생전 종조부님 벽력같은 고함소리가 들려왔다.

　종조부님의 생신날이었다. 호마이카 상에 둘러앉은 여남의 아이들에겐 흔치 않은 그들의 잔칫날이다. 이밥에 고깃국 앞에 놓고 군위 푸줏간 쇠고기 발자국을 숟가락으로 더듬는다. 대소가 모인 한자리에서 독상 받으신 종조부님 잔기침이 위엄의 신호인데, 힐끔힐끔 아이들은 식사가 빨리 먹기 시합이다.

　'국에다 밥 말면 죽 되는 걸 모르느냐.'
　'너희들이 어떻게 알랴.'
　머슴살이 이십 년, 죽은 죽어도 싫었다. 소나무껍질 같은 손등으로 서러움을 훔쳐 왔다. 자손들에겐 밥을 먹이려고 죽으로 버텨 오셨던 허리 굽은 세월이 고함소리로 건너 왔다.

　"국에 밥 말지 마라!"
　"이놈들아, 왜 죽을 만들어!"

　발길을 돌려 든 종갓집에는 종부 혼자서 외로이 살고 있다. 팔순 늙은이 십여 년을 밥 대신 드신다는 막걸리를 내놓는다. 아픈 마음 달래주고 시름을 풀어준다는 막걸리 맛은 쓰지도 달지도 않다. 집안 대소사로 엇갈리던 시시비비가 종부의 술상에서 잦아든 것도 어쩌면 도드라지지 않는 막걸리의 맛 때문이라는 생각이 들었다. 완만한 종부의 손끝에서 고분고분 익어 독 속의 시간을 견뎠으니 뭉근하지 않고 어찌 다른 맛을 내겠는가 싶었다.

"나 죽으면 이 집도 폐가가 되겠지."

종부가 툭 던진 한마디가 8대를 이어왔던 가문의 성채가 허물어지는 소리였다. 도시화가 내몰고 있는 현재진행형 슬픈 역사이다. 종갓집이 머지않아 폐가가 된다고 생각하니 집안의 근거지를 잃어버릴 듯 허전하다. 사십여 호 마을이 이제 삼십 호를 채우기 어려운 모양이다. 농촌 인구의 고령화 문제를 현실로 목도하게 된다. 무지개가 뜨는 고향엔 현대식 양옥이 새로 들어서는가 하면 그 이상으로 폐가가 늘어나는 신구와 명암의 동거이다.

반세기가 지난 이제는 여섯 방향으로 포장도로가 이어지고, 불도저가 밀어젖혀 다락논은 사라졌으며, 양·배수시설 수시 가동으로 천둥지기까지 옥답으로 바뀌었다. 처녀가 쌀 서 말을 먹지 못하고 시집을 갔다던 빈촌이 부자마을로 변했다. 상전벽해桑田碧海에 버금가는 변화이다. 곡선을 점령한 직선의 각들이 달라진 세상을 웅변하고 있다.

협소한 다락논을 생명줄로 보듬고 살았던 애옥살이 삶이었는데도 그 시절이 그립고 아름다운 추억으로 살아 있다. 어째서일까. 수구초심首丘初心이어서일까. 아마도 스케치북 펼치면 유년이 살아나고, 소년 적 순수가 샘솟기 때문일 듯싶다.

-《월간문학》제625호(2021.3.)

공동 우승

　　　　유년의 골목길에 들어선다. 가을도 겨울도 아닌 어중간한 계절에 높바람이 나서 옛이야기 부추긴다. 빈집에 기댄 토담 발치엔 민들레 밥상을 차리던 소꿉놀이 색시 순희의 해맑은 미소가 뉘엿뉘엿 해거름 빛살에 걸려 있다.

　　　　문둥이 겁나서 오르지 못한/ 뒷골 흐드러진 참꽃밭을/ 봉당마루에 누웠다가 스르르/ 꿈에서는 서슴없이 올랐다// 건넛집 순희 손잡고 올랐다// 한 아름 꺾어 안긴 순희와/ 달리는 듯 나는 듯/ 그렇게 둥둥// 두 얼굴 새기려 옹달샘에 이르러/ 손바닥 모아 떠주는 물 한 모금/ 손안에 가둔 진달래 부르르 떨리는데/ 난데없이 날 부르는 영구 목소리// 꿈에서 만나는 것까지 방해하다니/ 더펄이 영구는 여전히 버거운 상대였다

졸시 「버거운 상대」 전문이다. 꿈에서 만나는 것까지 방해한 영구는 유년 적 병정놀이 적장이다. 대단히 버거운 연적이다. 순희를 가운데 두고 밀고 당긴 긴 무언의 승부는 초등학교 고학년까지 이어진다. 그와 나는 엄청 달랐다. 외향적인 그는 적극적이고 활동적이었다. 내향적인 나는 소심하여 나서지 않고 말수가 적었다. 그의 병정놀이 장수 역은 돋보였고, 소꿉놀이 연기는 도저히 따를 수 없었다. 게다가 승부의 판을 유리하게 이끄는 그의 적극적 공세는 어린 마음에도 당할 수 없다고 여겼다. 그래도 "니는 착해서 좋아!"라는 순희가 건네는 내밀한 점수를 믿고 불퇴전의 결의를 다지곤 하였다.

초등학교 고학년 적 등굣길에서 일어난 일이다. 간밤에 집중적으로 내린 폭우로 실개천의 징검돌이 떠내려가고, 물살에 묻혀서 그냥 건널 수 없었다. 개천가에서 발을 동동 굴리는 순희 앞에 영구가 언제 준비했는지 바지를 둥둥 걷어 올리고

"가시나야, 업히라!"

엉덩이를 들이밀었다.

나를 힐끗 쳐다보고는 영구의 등에 납작 업혔다. 젖어 드는 바짓가랑이를 돌보지도 않은 채 힘겹게 건너는 영구의 표정은 근엄하기까지 하였다. 정작 영구처럼 나서지도 못하면서 속으로 부아를 끓였다.

그날 이후 마을 아이들은 순희를 놀려댔다.

"영구한테 업혔지. 얼러리 껄러리"

그때마다 영구는 그렇게 싫어하지 않는 표정이었다. 이와 반대로 나는 듣기 싫은 표정을 애써 감춰야만 했다. 그로부터 순희의 기울기는 영구 쪽이라고 믿었다.

이듬해 하굣길에서 일어난 일이다. 멀찍이 앞서가는 순희를 두고 영구와 둘이 괜한 험담을 주고받았다. 내심 서로 좋아하는 티를 내지 않으려고 일부러 마음에 없는 말까지 보탠 것으로 기억한다. 사방을 둘러보며 방천숲으로 드는 순희를 바라본 영구가 나를 쳐다보며

"순희 가시나 오줌 누러 가제? 놀려먹을래?"

눈을 희번덕거리며 나의 본심을 확인하려고 했다. 허리를 반쯤 굽혀서 뛰어갈 자세까지 취하면서.

"그래, 좋아."

나도 밀릴 수 없었다.

둘은 헐떡거리며 뛰어가 방천숲으로 고개를 내밀고 놀려댔다.

"얼러리 껄러리"

"얼러리 껄러리"

우리는 밤나무 숲으로 줄달음을 쳤다.

"오랑캐 새끼! 오랑캐 새끼!"

언제 뛰어왔는지 흘긴 눈에 제비꽃 한 움큼 거머쥔 손으로 '오랑캐

새끼'를 연발하며 내 팔을 사정없이 때렸다. 제비꽃이 다 빠져나간 야무진 손으로 팔뚝이 퍼렇도록 꼬집고 꼬집었다. 영구는 제쳐두고 나에게만 분풀이하였다. 혼자 당했지만 억울하지 않았다. 무언의 승부에서의 희열을 느꼈다. 외려 분풀이 당하지 않은 영구가 더 시무룩하였다.

몇 해 전 순희의 고희 핑계는 보고 싶다는 신호였다. 살긋대던 볼우물, 해맑았던 미소, 아닌 척 떼던 시치미를 반세기의 세월로 걷어낸 그녀의 웅숭깊은 눈웃음이 환했다.
순희 한마디
"짜식아들, 날 좋아해 놓고 우째서 손발을 딱 끊었던가?"
나도, 영구도, 저 혼자 좋아했다던 대식이까지도 모두 개선장군이었다. 오십여 년 전 승부는 모두가 무승부, '공동 우승'이었다.

그냥

"그냥 해봤어."

친구 S의 전화 첫마디였다. 한참 만이라고 했지만 한 주간 정도였다. '그냥'이란 그 한마디가 긴 여운으로 밀려온다. 무심코 던진 말일 것이다. 그의 그 한마디는 친밀함을 확인하기 위해서든, 목소리라도 듣고파서이든 정감을 느끼기에 충분했다.

우리가 누구를 인정하고 좋아하는 데에는 저마다의 이유가 있다. 외모일 수도, 성품일 수도, 학벌일 수도, 능력일 수도, 재력일 수도, 권력일 수도, 차별화된 다른 것일 수도 있다. 인정한다고 좋아하는 것은 아니다. 인정하는 것과 좋아하는 것은 다르다. 좋아하는 수많은 이유 중에서 나더러 제일 멋진 이유를 꼽으라면 '그냥'을 꼽는다. '그냥'은 아무런 이유도, 설명할 필요도 없어서다.

그냥 왠지 좋고, 이유도 없이 그냥 좋은 것은 사랑에 빠지게 한다. 외모, 학벌, 능력, 재력, 권력, 주색잡기, 기타 등등 이유가 붙어서 좋아하는 사람은 그 사람에게서 이유가 사라지는 날 사랑을 잃게 된다. 사람을 좋아한 것이 아니라 그 사람에게 붙어 있는 이유를 좋아했기 때문이다. 그러하기에 좋아할 이유 없이 좋아하는 사람이 가장 좋은 사람이다. 콕 꼬집어서 한마디로 할 수 없어도, 싫은 느낌이 전혀 없이 그냥 좋은 사람을 일컫는 말일 것이다.

애정이 그러할진대 우정인들 다르랴. '오래도록'과 '친하게'가 친구의 요건이자 함의다. 덕 보겠다는 것이 이유가 되어 사귀는 친구는 그 이유가 담보되지 않는 날 인연을 끊는다. 부모 팔아서 산다는 친구다. 가족처럼 기쁨과 슬픔, 어려움을 함께 나눌 수 있는 사람이 친구다. 나누면 배가된다는 기쁨이 질투가 될까, 나누면 반이 된다는 슬픔이 약점이 될까 염려하는 세상이다. 친구랍시고 설쳐대고, '친구'라는 말을 앞세우는 이들은 대개 친구가 아니라 그저 아는 사람이다.

'그냥'이란 말이 어색하지 않고, 정겨움 내지는 동심의 세계를 맛보게 하는 것이야말로 진정 친구다움이 아닐는지. 하고자 하는 말 앞에 '그냥'이란 말 한마디만 얹어도 관계는 한결 넉넉하고 부드러워질 것이라고 여겨짐은 '그냥'을 '여유'라고 믿기 때문이다.

사람의 마음을 곧이곧대로 표현하기엔 언어적 한계가 있다. 사람마다 시시각각 달라지는 기기묘묘한 감정을 한두 마디로 표현한다는 것은 원천적으로 불가능하다. 그래서 자연발생적으로 태어난 절묘한 한마디가 '그냥'일 것이라고 믿는다. 이유란 것들이 삶의 여정에 비춰보면 자잘한 것들인데 미주알고주알 일일이 상대하지 않겠다는 여유로움의 발로이리라.

만년의 길은 가본 적이 없는 서툰 길이지만 생각보다 멋지고 여유롭다. 외모를, 인기를, 학벌을, 재력을, 권력을 걷어낸 본래의 모습들에서 긴장의 끈을 놓는다. 시간에 얽매이지 않고 의식주에 거리낌이 없어진다. 세상의 모든 것이 점점 더 아름답고 신비스럽게 보인다. 내 안의 빈자리, 상대가 편히 들어올 수 있는 공간인 여지가 생긴다. 만나는 사람들이 그냥 좋아진다. '그냥'이란 말도 그냥 좋아진다.

친구 S에게 전화한다.
"왜 전화했어?"
"……"
"그냥……"

- 『하얀 그림자』 한국수필작가회(2023.)

무엇에나

외길 인생의 끝머리인 노년은 오래된 미래이지만, 누구에게나 처음 길이다. 서툴고, 어리둥절하고, 두렵고, 불안하고, 시리고, 아리고, 그리움에 떤다는 어려운 길이다.

더러 산전수전 공중전까지 치른 은퇴자들을 대하노라면, 호락호락하지 않았을 현역에서의 복무가 영예로 지켜지지 않을 노년의 길을 떠올린다. 사소한 일에 목숨을 걸고, 가만히 있으면 불안해하고, 뭐든지 해야 한다는 강박관념에서 벗어나지 못함에서다.

이들은 대개가 어려운 여건을 무릅쓰고 '매사 최선을 다했다.'라는 자존감을 드러낸다. '매사 최선을 다했다.'라는 그들의 말을 들을 때마다 심중에 똬리 튼 회한의 응어리가 불쑥불쑥 솟구쳤다. 나에겐 그 말이 금기어처럼 묻어두고 싶은 말이어서다.

몇 차례 직장업무의 사고처리 뒷수습으로 얻은 '소방수'라는 별칭이 애칭이 아니라 구속인 것을 몰랐다. 선·후임 지역책임자 간 인계인수로 몇 차례 순환보직에서 제외되어 들었던 '아무개가 없으면 공장이 잘 돌아가지 않는다.'라는 말의 부정적인 의미를 깨우치지 못했다. 술자리 안 빠지기가 아니라 만들기였고, 애경사 안 빠지기가 아니라 외려 챙기기였고, 참모 역할의 확장이 보좌역할까지라며 몸을 사리지 않았고, 친교라는 허울의 *가도사 와도사 실천이었다. '무엇에나'에 대하여 어디까지가 공公이고, 어디까지가 사私인지에 대하여 고민하지 못했다. 정작 '무엇에나' 최선을 다함으로써 꼭 필요한 일에 최선을 다하지 못하였다.

가정과 가족은 언제나 후 순위였다. 경제적 힘듦은 가족의 몫이었고, 가족과는 사랑의 추억이 빈약하고, 아이들의 사진첩에는 언제나 아버지가 없었다. 상사의 인정과 회사의 평판이 성공의 지름길이라며 '무엇에나'에 빠져 허둥댔던 회사인간이었다. 선공후사先公後私를 맹목적으로 실천하였다. 시간이 지나면서 젊음의 세월을 무가치한 일에 허비하였다는 자책이 응어리졌던 모양이다.

그 시절은 무슨 일을 어떻게 하는가보다 언제, 어디서, 누구와 일 했느냐가 성패를 가른다는 성패론이 회자될 때였다. '몸수고, 돈수고, 시간수고'라는 세 가지 수고론까지 돌았다. 산업화 시대의 어둠이라 치부할 수밖에 없지만, 문제는 '무엇에나'가 아니라 공과 사가 엄격히 구분되고, 나의 과제냐 타인의 과제냐로 분리되어야만 했다. 알프레드 아들러의 말처럼 '자유는 타인에게 미움을 받는 것'임에도 불구하고 자유의 방어벽인 미움받을 용기를 포기하였다. 주체적인 삶, 자기 삶의 포기였다.

흘러간 물로 물레방아를 돌릴 수 없듯이 포기해 버린 기회는 되돌릴 수 없다. 자신의 완성을 위해 최선을 다하는 것이야말로 다른 어떤 것보다 아름다운 시도가 아니겠는가. 비록 늦었을지라도 반추하고, 뉘우치고, 다잡는 것이야말로 더 큰 회한을 없애는 것이리라. 나이 인플레이션 현상에 나이에 관한 사고 규범이 해체되고 다단계 삶으로의 진화가 속속 진행되고 있으니 더욱 그렇다.

그렇다고 과욕은 말아야겠다. 늙어도 당당히 싸우러 나가는 한나라 명장 마원의 노당익장老當益壯을 닮고 싶다. '인간은 호기심을 잃는 순간 늙는다.'라던 노년의 이정표 피터 드러커를 닮아가고 싶다. 불행한 것들은 놓아버리고 호기심, 설렘, 희망으로 겁 없는 길을 가고 싶다. 늙어서도 젊은 이 못지않게 의욕은 강하게, 일정은 여유롭게, 사유는 자유롭게 그렇게 살고 싶다.

나이를 보탤수록 세 가지 생명을 생각한다. 건강한 몸과 마음을 유지하는 육체적 생명, 사회적 동물로서 건강한 관계를 유지하는 사회적 생명, 육체적 생명이 끝이 아니라는 영적 생명이다. 개인적으로 육체적 건강보다 더 중요한 것은 없다. 육체적 건강을 잃으면 전부 잃는다. 육체적 건강보다 더 중요한 것이 사회적 건강이다. 사회적 건강을 잃으면 더불어 살아가는 사회에서 존재가치를 잃는다. 최종적으로 가장 중요한 것은 영적 건강이다. 영적 건강을 잃으면 생명의 승리를 잃게 되기 때문이다. 여명이 줄어든다는 상실의 두려움은 행위 차원이 아닌 존재 차원의 몫이리라.

노년은 경쟁이란 시간의 틀에서, 일에 끌려감에서, 부담되는 인간관계에서, 수입을 창출해야 하는 돈벌이에서 모조리 해방이다. 노년은 어렵고 괴로운 시기가 아니라 행복을 마음껏 누리는 일생일대의 기회다. 열심히 살아온 노년에게 특별히 하사한 천혜의 선물이다.

들러리로 살아온 아픈 기억은 이제 썩 물러서거라. 이젠 진짜 나를 살아간다.

*가도사 와도사: 서울 출장 가서도 사고 지방에 출장 와도 산다.

- 《문장》제61호(2022.여름)

비그이 비꽃

　　　　　　능선을 건너뛴 소나기가 일행 등산길을 두들겨 댔다. 황급히 쳐들어간 거조암 비그이는 부처님의 가피였다. 영산루의 목어는 비우고 비워도 비울 게 있다며 빈 몸을 허공에 걸어 비우고, 법당 마당에 피고 지는 비꽃 꽃밭은 번개가 연출한 한바탕 축제였다.

　며칠 전 포도 위의 비꽃을 바라보다가 문득 거조암 비그이 일행이었던 C를 떠올렸다. 절간 마당을 바라보며 읊은 "허공에서 피워내는 무채색 꽃이여!"라고 시작한 그의 비꽃 탄성은 가히 한 편의 시 낭송이었다. 그는 일찍이 온라인 커뮤니티에 개인 블로그를 운영하면서 시심을 공유해왔던 자칭 재야시인이다. 비그이 때문에 그는 산사의 시인으로 불렸고, 그 또한 은근히 즐기는 심사였다.

　그는 십여 년 가까이 이어왔던 주간 산행의 일원이다. 사점死點을 즐기는 정상파가 아니라 더불어 산행을 즐기는 친교파였다. 평소 높은 산이나 경사가 심한 가풀막엔 일행들보다 항상 뒤처졌다. 후미를 따라잡는 여유로운 보법은 일행의 산행 속도에 제동을 걸곤 했다. 병원에서 심장 박동이 고르지 않다고 해서 언젠가부터 약을 처방받아 복용하면서 정기적 검진을 받는다고 했다. 평생직장 퇴임 후 공기 좋은 팔공산 자락에 혼자 자리를 잡은 것도 건강 도모를 위한 특별한 선택이었다고도 했다.

그는 자칭 무등록 불자였다. 산행 중 절간에 드는 것을 무척 좋아했다. 절간 특유의 신성함에다 고즈넉한 정취까지 흠뻑 즐겼다. 부처님 참배는 필수였고, 불전함은 그냥 지나치는 법이 없었다. 아마 지극정성의 부처님 참배도 건강을 간구하는 절절한 몸의 기도였지 싶다. 어쩌면 생멸의 아름다움을 토하는 비꽃에의 탄성도 그의 건강이 시정을 자극한 것일지도 모를 일이라 여겼다.

그는 직장 안팎으로부터 인정받은 성공담의 소유자다. 하지만 직장 퇴임 후 곧바로 황혼이혼으로 이어졌다. 직장의 성공이 가정의 성공으로 이어지지 못하고, 외려 가정의 갈등을 증폭시켰던 모양이다.

홀몸이 된 그에게 젊은 연인이 있었다. 띠동갑이라 했다. 하지만 의심이 풀리지 않는 미모였다. 외로움 소나기를 피하는 비그이였던가. 한 달에 두 번 정도 찾아오는 그 연인을 위하여 실패한 사랑이라도 보상받는 듯 들떠 지냈다. 체력과 정력을 보강하고자, 젊음을 과시하고자 넘치게 애썼다. 연인이 행복해하는 것이 만년의 목표인 것처럼 매사가 그 목표를 향한 일거수일투족으로 보였다. 넉넉한 시간, 적당한 재력, 준수한 용모, 다정다감한 언행 등 제반 조건이 젊은 연인에게도 경쟁력 있는 상대였을 것이다. 두 사람은 등산 멤버들의 부부 모임에까지 참석하여 커플 사랑을 과시했다.

어느 날 뜬금없이 그의 연인으로부터 전화를 받았다. "저번주에 다녀왔습니다. 다녀온 후 며칠이 지났는데 소식이 없었어요. 다음 날도, 그다음 날도 소식이 없었어요. 전화를 걸었으나 받지 않았어요. 아파트 경비실로 전화해서 확인하게 했어요. 강제로 문을 따고 들어가니, 흑~ 흑~~."

가슴이 덜컹 내려앉았다. 뒤의 이야기는 평소에 우려했던 상황의 전개라고 곧바로 읽혔다. 그는 거실에 엎어져 있었으며, 맥을 짚어볼 필요도 없이 상당 시간 지나간 상태였다고 했다. 검시 결과 4~5일 정도 지난 후에 발견되었다고 하니, 연인과 헤어진 그날이 그의 마지막 날이었지 싶었다. 그의 옆에는 평소 아들 녀석이라고 자랑하던 애완견이 가사 상태로 있었다. 폐문된 집에서 혼자 아버지(?)의 끔찍한 죽음을 지켜봤으니 얼마나 놀랐을까. 울며불며 임종을 지킨 애완견이야말로 참으로 효자였다는 생각이 드는 것은 왜일까.

십 년에 이르는 큰 산의 오름에선 체력단련이 가능했다. 시간과 컨디션의 안배에서였다. 작은 연인의 산에선 한계를 넘나드는 무리였다고 입방아였다. 등산의 문제라기보다 감당하기 버거운 능력의 문제였다고 말이다. 정작 무리 소나기를 피하는 비그이가 필요했건만 그렇지 못하였던 모양이다. 직장에서의 성공과 예기치 못했던 황혼이혼, 만년의 새 출발과 넘어설 수 없었던 체력의 한계는 그가 웃고 울었을 힘겨운 여정이었으리라.

그가 떠나기 전 비록 두 사람에겐 밝음이었을지라도, 그가 떠난 후 가족과 주위에는 온통 어두움이었다. 이 안타까움, 어찌 잊히랴.

그가 떠난 지 십여 년, 그를 호명한다. 사계절의 산야에서 입버릇처럼 자연의 신비를 풀어놓던 도시의 자연인 그를.

비그이 비꽃을 찬미하던 비꽃 시인의 말을 듣는다.

'피고 지고, 피고 지고 그렇게 생멸하는 거야.'

* 비그이: 비를 잠시 피하여 그치기를 기다리는 일
* 비꽃: 비가 내리기 시작할 때 성글게 떨어지는 꽃 모양의 빗방울

-《대구의 수필》제19호(2023.)

역리逆理

        산길을 가로지르던 다람쥐와 눈이 마주쳤다. 눈길을 뿌리치곤 후다닥 길섶 갈참나무에 오른다. 숲정이 사방을 살핀다. 끊긴 필름 요모조모 맞추는 기억의 눈알이 새까맣다. 갸우뚱거리는 도돌이표 의심은 긴가민가한 붓방아다. 필시 갈무리한 도토리 창고를 찾아갔지만 말짱 허탕이었겠지. 누운 풀도 좌우로 머리 흔들고, 옷 벗은 나무도 팔 벌려 시치미를 떼고 있으니 내려다봐야겠다며 높은 곳을 올랐구나. 의뭉스레 돌리는 갈참나무 팔랑개비에 다람쥐는 우왕좌왕이다.

  도토리가 툭 툭 떨어지는 가을이 오면 다람쥐는 정신없이 바쁘다. 겨울 양식인 도토리를 땅에 묻어 갈무리를 해야만 해서이다. 그런데 문제는 바쁘게 여기저기 묻어놓지만 묻은 곳을 모두 기억하지 못하는 데에 있다. 묻어놓은 곳이라고 찾아가서 손발이 아프도록 땅을 파보지만 번번이 허탕을 치니 어찌 우왕좌왕하지 않겠는가.

다람쥐가 영특하고 기억력이 뛰어나서 묻어둔 도토리를 모조리 찾아 먹어버렸다면 도토리나무는 번식을 중지하고 점점 씨가 말라 갔을 것이다. 다람쥐가 땅에 묻어놓고 잊어버린 도토리가 싹을 틔워 도토리나무로 자라나기 때문이다. 다람쥐의 기억력을 이용한 도토리나무의 번식 기법과 다람쥐의 생존방식이 인간의 상식을 뛰어넘는다. 다람쥐의 허탕과 우왕좌왕, 실망과 망연자실이 도토리나무의 씨가 되고 번식의 동인이 되어 다시 다람쥐의 양식으로 되돌아오는 생존의 방식, 이 어찌 자연의 신비 아니고서 달리 설명할 수 있겠는가.

'쥐'라고 불리는 집쥐, 들쥐, 박쥐, 청서(청설모) 등이 하나같이 혐오의 대상이지만 유독 다람쥐만은 너나없이 반갑게 만나는 선호의 대상이다. 이는 줄무늬 황갈색의 모양새부터 다르다고 할 수 있겠지만, 결정적으로 무작정 쳇바퀴를 돌리는 모자람과 자기 것도 바로 챙기지 못하는 어리숙함이 호감으로 발동한다는 믿음이다. 그렇다. 똘똘하고, 셈이 빠르고, 사리 분별력이 뛰어난 것보다 모자라고, 셈이 부족하고, 맹한 것이 오히려 호감을 받는다. 관계의 순리가 아니다. 역리다.

오늘날 우리 세상엔 둔하고, 모자라고, 허수한 사람을 만나기 어렵다. 모두가 영특하고, 영리하다. 하다못해 영악하기까지 하다. 이익과 손실의 무게를 저울질해대는 영악돌이들의 세상에서 다람쥐처럼 어리석은 사람들이 살아가기란 정말 힘겨울 것이다. 취함에서는 언제나 상대에게 내놓아야 하고, 힘에서는 언제나 상대에게 밀려야 하고, 평가에서는 어떤 경우에도 줄 밖에 서야 하기 때문이다.

하지만 인간 세상이 꼭 그렇지만 않은 모양이다. "똑똑한 사람은 따라 할 수 있어도 어리석은 사람은 흉내 낼 수 없다."는 전래 경구가 "알면서 모르는 것이 최상이요, 모르면서 안다 함이 병이다."라는 기원전 6세기 노자의 가르침과 맞닿아 있어서이다. 인간 세상에도 영명하고, 계산이 빠르고, 사리 분별력이 뛰어난 것보다 조금 둔하고, 셈이 느리고, 사리 분별력이 무딘 것이 오히려 호감을 받는다는 말이 아니겠는가. 영리해지기보다 어리석어지기가 더 어렵고 힘들다는 가르침이다. 곧 자기낮춤의 어려움에 대한 가르침일 터이다.

행복은 소유에서가 아니라 관계에서 비롯한다. 사람의 관계란 것이 완벽한 사람에겐 다가가기조차 힘겹지만, 약자에겐 돕고 싶은 마음부터 앞장선다. 모자람은 채워주고, 미숙함은 배려하고, 어리석음은 감싸주고 싶어지는 것이 인지상정이다. 영악한 사람은 상처의 화살을 장전하고 있지만, 어리석은 사람은 사랑의 화살을 받을 수 있는 과녁이 되기 때문이다.

나이를 더할수록 잘난 사람보다 좋은 사람에게, 완벽한 사람보다 좀 부족한 구석이 있는 어리숙한 사람에게 더 끌려든다. 왜일까. 필시 어리석어서 오히려 호감을 받는 관계의 역리 때문이리라.

갈참나무에서 내려온 다람쥐 숲정이를 뒤지느라 바쁘다. 우왕좌왕하는 것이 귀엽고 자꾸만 마음이 쓰인다.

- 《문장》 제54호(2020. 가을)

외딴곳에서의 단상

　　　　　　　　미명의 정적을 가르며 비슬산 자드락길을 오른다. 세풍이 한 자락씩 파문을 일으키며 앞서거니 뒤서거니 동행이다. 회색빛 어둠을 걷어낸 외딴곳이 오르는 걸음을 붙잡는다. 적요로 가득 찬 물상의 공간이 안온하다. 부드러운 고요가 심연에 내려앉는다. 적막하지도, 고독하지도 않다. 호젓한 곳이 주는 감흥 때문인가. 외딴곳 언덕바지에서 문득 성경의 그 '외딴곳'을 떠올린다.

　"아직 깜깜할 때, 예수님께서는 일어나 외딴곳으로 나가시어 그곳에서 기도하셨다."(마르코 복음서 1장 35절), "너희는 따로 외딴곳으로 가서 좀 쉬어라."(마르코 복음서 6장 31절)라는 말씀 중의 '외딴곳'이다.

　예수그리스도께서는 외딴곳으로 나가시어 기도하시는 등 충전의 시간을 가지셨고, 여러 지방을 돌며 쉼 없이 복음을 전하고 돌아온 제자들에게 무엇보다 먼저 휴식 명령을 내리셨다. 기원 초의 상황이었지만 쉼 없이 복음을 전하고 병자를 치유하느라 스승도 제자들도 심신의 피로가 이만저만이 아니었던 모양이다. 그 외딴곳은 마을에서 멀리 떨어져 있어서 인적이 드문 장소이거나 거친 들판이었을 것이다. 그렇다. 외딴곳은 일하는 곳을 벗어난 장소다. 그 당시 휴식은 따로 외딴곳으로 나가서 조용히 쉬는 것이었다.

외딴곳에서 휴식을 생각한다. 휴식은 '하던 행동을 멈추고 잠시 쉬는 것'이다. 심리학에선 '살아있는 존재의 노여움, 불안, 공포 등의 원천에서 올 수 있는 각성이 없는, 낮은 긴장의 정서 상태'이다. 짧게 줄여서 몸과 마음이 긴장과 불안이 없는 경우이다. 그렇기에 명상, 자율 훈련, 점진적 근육 이완을 통해 달성될 수 있다고 믿는다.

오늘을 살아가는 경제적 동물로서의 바쁜 인간들은 휴식 시간을 일하지 않는 시간쯤으로 여기는가 하면, 과소비적 휴식을 진짜 휴식으로 착각하기도 한다. 이러한 의미에서 21세기 오늘날의 휴식 양태는 휴식의 정론과는 정반대다.

'불금'을 떠올리는 것은 왜일까. 주5일근무제가 자리 잡으면서 나타난 사회적 현상 때문이지 싶다. '불타는 금요일'의 약칭인 불금이 일상에서 벗어나 만끽하는 자유의 대명사로 통한 지 오래다. 함께 어울려 먹고, 마시고, 노래 부르고, 춤추거나 떠들며 환락의 밤을 보낸다. 이성은 감성의 브루카를 뒤집어쓴다. 스트레스를 해소하고 주목받는 시간을 꿈꾼다. 불금은 불안한 현실의 탈출구이자 자존감을 확인하는 대체 휴식이 되어버렸다. 집단 속에서 에너지를 발산하면서 피로를 가중하게 만든다. 휴식 시간에 오히려 몸을 피로하게 만들어 다시 더 큰 휴식을 취해야 할 지경에 빠진다. 잘 못 취한 휴식은 또 다른 무거운 노동이란 점에서 비정상적이자, 휴식의 심각한 오염이다.

휴식은 단지 쉬는 것만이 아니다. 인체도 하나의 조직체이기에 과부하가 지속됨에 따른 오버홀overhaul이 필수적이다. 휴식은 우리 몸을 점검, 조정, 수리하는 기능을 담당한다. 고속도로 졸음쉼터의 짧은 휴식에서도 인간의 몸을 수리하는 놀라운 능력을 경험하게 된다.

헨리 포드는 "휴식은 게으름도 멈춤도 아니다. 일만 알고 휴식을 모르는 사람은 브레이크 없는 자동차와 같이 위험하기 짝이 없다. 그러나 쉴 줄만 알고 일할 줄 모르는 사람은 모터 없는 자동차와 마찬가지로 아무 쓸모가 없다."라고 하였다. 휴식이 과부하의 몸을 재정비하고 에너지를 재충전하는 시간이라는 데에 그 의미는 노동의 가치와 어금버금하다.

외딴곳에서 성경의 그 '외딴곳'을 생각한다. 진정한 휴식의 깊이야말로 외딴곳의 머무름에서 찾을 수 있다는 믿음이다. 외딴곳의 머무름을 놓치고 부유하는 삶을 살아왔다는 깨우침이 인다. 목자의 가르침을 따르는 사도들처럼, 일상을 벗어난 외딴곳을 자주 찾아야겠다는 마음을 다져본다. 그 외딴곳은 일상의 부하를 내려놓을 수 있는 곳이리라. 잊고 지내 온 '나를 찾는 시간'을 붙잡아 그 볼륨을 키워가는.

-《대구가톨릭문학》 제32호(2022.)

인호印號, 해방둥이

누가 나에게 나이를 물어오면, 쉼표 없이 '해방둥이입니다.'라는 말이 곧바로 튀어나온다. '해방둥이'가 나에게 태생적 호칭이자 드러내고 싶은 인호印號여서다.

되돌아보면 해방둥이가 초등학교에 입학했을 때, 중·고등학교와 대학교에 진학했을 때, 성년이 되었을 때, 그때마다 그것이 뉴스거리가 됐다. 해방 십 년 주기마다 특별히 조명을 받았다. 지난 해방 70주년에도 KBS1 《나는 대한민국》, '해방둥이 합창단' 등 해방둥이에 관한 TV 특집물과 신문 기획 기사를 무더기로 쏟아냈다. 출생의 환희와 의미가 이보다 더 클 수 있을까. 그것이 광복의 역사이고, 이어진 분단의 역사이기 때문이리라.

해방둥이는 비록 출생의 영광은 입었으나 형편은 몹시 궁핍했다. 송기떡과 보리 개떡을 먹으며 자랐다. 굶주림을 삶의 일부분으로 알았고, 보릿고개를 숙명처럼 여겼다. 호롱불로 어둠을 견뎠고, 내의 없이 홑바지 저고리로 사철을 났다. 운동화가 아닌 고무신을 신었고, 가방이 아닌 책보자기를 매고 학교를 다녔다.

해방둥이의 성장환경 또한 열악했다. 6.25 전란으로 대부분의 학교가 불타버려 맨땅에서 막사로 이동수업을 했고, 초등학교를 마쳐도 돈이 없어서 1/3 정도는 소년·소녀 일꾼으로 산업현장에 뛰어들었다. 중학교를 마쳐도 1/3 정도는 고등학교에 진학할 수 없었고, 고등학교를 졸업해도 1/10 정도만 대학에 진학할 수 있었다. 유년에 6.25 전란을, 중학생 때 4.19를, 고등학생 때 5.16을, 군 복무 때 베트남 전쟁을, 이십 대에 10월 유신을, 삼십 대에 5.18을, 사십 대에 6.29를 온몸으로 겪어냈다.

기성세대를 통해 일본을, 신문물을 통해 미국과 서양을 배워야만 했다. 분단국 조국의 자유를 지키고자 일하면서 싸우고 싸우면서 일했다. '우리도 한번 잘살아보세!' 하며 새마을운동에 일떠섰다. 수출 백억 불, 소득 천 불에 청년기의 꿈을 걸었고, 민주화 투쟁에 자유와 정의를 걸었다. 이것이 대한민국 역사와 함께한 인고와 도전의 해방둥이 인생 역정이다.

근대사 세대의 조부모님, 일제강점기 세대인 부모님을 모신 산업화 세대인 해방둥이는 굶주림을 몸으로 익힌 마지막 세대요, 풍요로움의 맛을 본 첫 번째 세대이다. 배고픔과 배부름을 함께 맛본 축복받은 세대이다. 원시 환경부터 최첨단 사회 환경까지를 경험한 전천후세대로서, 경제성장기의 주역으로 공헌하다가 IMF 관리로 산업현장에서 조기 퇴출당한 세대이다. 마지막으로 부모에 효도하고 처음으로 자녀들에게 버림받는 '마처족'이기도 하다. 이같이 해방둥이는 어두움과 밝음을 공유하는 특별한 세대이다.

 대한민국 75년 역사에서 해방둥이는 고난보다 더 큰 영광을 입었다. 해방 후 43년 만에 치른 88올림픽과 57년 만에 치른 2002 한일월드컵 축구 경기는 대한민국 발전상을 만천하에 공표한 긍지와 자존심의 현시였다. 신앙처럼 여겼던 꿈의 목표 '수출 백억 불, 소득 천 불 달성'의 선순환으로 소득 30배 이상, 수출 60배 이상을 달성해 냈다. 피원조국이 원조국이 되었다. 이제 세계 10대 경제 대국으로 우뚝 섰다. 2차 대전 이후 나라를 되찾거나 독립한 100여 개 나라 중에 선진국 수준의 자유민주주의와 시장경제 체제를 구축한 나라는 유일하게 대한민국뿐이라는 국제사회의 평가가 다름 아닌 기적이다. 이러한 기적에 이르기까지 얼마나 많은 희생과 인내가 필요하였겠는가. 모두가 이 땅의 경제주체로서 참으로 냉혹한 경제 환경을 잘 견디어왔기에 가능한 성취이다. 그 기간을 온전히 살아온 해방둥이에겐 위로이자 긍지요, 더 크게 다가오는 영광이다.

 해방둥이는 대한민국과 함께 태어나고, 성장하였기에 국가 동일체 의식이 강하다. 자유민주주의와 시장경제가 국가적 목표요, 국가안보와 경제성장이 지고의 가치임을 삶을 통해 체득한 세대이다. 국가와 국민을 못살게 하는 정치를 우려한다. 그들의 국민에는 국민이 없고, 그들의 국방에는 국방이 없고, 그들의 경제에는 경제가 없어서다. 정치가 아닌 싸움만 있고, 공정과 정의가 아닌 '내로남불'의 패거리만 있어서다. 그래서 비판적이고 보수적이라는 평판을 기꺼이 듣는다.

해방 75주년 통계에 의하면 이 땅의 해방둥이는 30만여 명으로 전인구 5,182만여 명의 0.58%이다. 이제 일제히 76세에 들었다. 100세 시대를 살아가는 이들 해방둥이는 흰머리 중년들이다. 의료 및 보건 환경의 개선, 생활체육의 대중화에다 식음의 질까지 좋아져서 선대의 오십 대 체력을 지니고 있다. 인생 주기의 네 번째 계절 겨울을 사는 것이 아니라 윌리엄 새들러가 말한 활기찬 서드에이지 Third Age를 살고 있다.

대한민국의 파란만장한 역사와 온전히 함께하였고, 함께하여야 할 해방둥이, 긍지와 자부심이 살아있는 '나는 대한민국'의 푸른 노년을 응원해본다.

* 서드에이지Third Age-40세 이후 30년 동안으로 인생의 2차 성장을 통해 자아실현을 추구해 가는 단계

-《경북문단》제38호(2021.전)

2
신나는 춤을

유병득약有病得藥

초역전超逆轉

메시지 '1984'

벌새 효과

왜놈들이니까

차이를 차별하다

당근과 채찍을 넘어

신나는 춤을

역발상의 숲

아부 아첨의 방향

하계下計

유병득약 有病得藥

"어르신! 어디가 불편하셔서 오셨습니까?"
"꼭 찍어서 어디가 불편하다기보다 요즘 건강 상태가 옛날 같잖소."
"약주 좋아하십니까?"
"아뇨 입에 대지도 않소."
"담배 피우십니까?"
"끊은 지 스무 해도 넘었소."
"관계는 정상적이십니까?"
"예? 근방에도 가지 않소. 관계를 끊은 지 오래요."

위의 문진 대화는 누구에게나 한 번쯤 에피소드로 회자되었음 직한 내용이다. 필시 '무슨 재미로 사는 걸까.'라는 젊은 의사의 조심스러운 접근과 '쇠똥에 굴러도 이승이 저승보다 낫다는 걸 모르나.'라는 환자의 벌거숭이 침묵이 접점을 찾아갈 듯싶다. 청진기로 더듬는 머쓱한 여유이지 싶다.

　인간이면 누구나 장수를 희망한다. 무병장수를 인생 최고의 행복으로 갈망한다. 그래서 '아프지 않으려면 어떻게 하면 되느냐? 병을 예방할 비책은 무엇인가?'라는 영원한 숙제와 맞닥뜨리게 된다.

　언젠가 TV '건강상담' 프로에서 이 영원한 숙제인 "아프지 않으려면 어떻게 하면 됩니까?"라는 똑같은 질문이 있었다. 눈과 귀가 화면에 꽂혔다. 집중하고 또 집중하였다. 약간 뜸을 들인 출연 의사의 답변은 다음과 같았다.

　"아플 때는 아파야 합니다. 아픈 것이 좋을 수도 있습니다."
　함께한 그리 많지 않은 방청객들은 모두 의아해하는 표정이고, 사회자는 "그게 무슨 말씀입니까?"라고 되묻고, 의사는 되받는 질문에 한마디로 "아파야 살지요."라고 선문답이다.
　아파야 의사가 돈 벌어 밥 먹고 살아갈 수 있다는 뉘앙스를 풍긴 뒤에 "인간은 적절할 때 반드시 아파야 하는 것입니다. 만일 아파야 할 때 아프지 않으면 몸에 아주 큰일이 날 것입니다. 정확하게 표현하자면 병은 우리 인간의 몸에 장착된 보호 계전기의 작동입니다."라고 명쾌하게 설명하였다. 그리고 나서 "병은 우리 몸에 효자 노릇을 하니 병이 나면 병에 협조를 잘 해줘야 합니다."라고 마무리하였다.

'그렇지! 그러고 보면 병이란 군인이 나라를 지키듯이 건강을 유지해주고 보호해주는 우리 인체의 자발적인 보호 장치로구나!' 하면서 우리 몸의 자율기능을 새삼 깨닫는 계기가 되었다. '병은 무조건 나쁘다고만 믿었는데 그게 아니구나!' 하며 TV 앞에서 혼자 고개를 끄덕끄덕한 적이 있었다.

평생 약 한 첩 먹을 일 없는, 태어날 때부터 건강을 타고난 사주팔자를 명리학에서의 병약설은 형편없이 치부한다.
　無病無藥 庸劣之命(무병무약 용렬지명)
　有病得藥 王相之命(유병득약 왕상지명)
병이 없어 약도 필요 없는 인생이라면 그건 그저 밋밋한 운명일 뿐이고, 병이 있고 그것을 치료할 약을 얻어야 왕이나 재상이 될 수 있다는 말이다. 한 나라의 성공이라는 것이 어둠이라는 병과 밝음이라는 약이 극단적으로 섞이어 빚어지는 하나의 작품임을 잘 설명하고 있다.

위의 두 가지 용례에서 앞에서는 병이야말로 거꾸로 우리 몸을 지키는 '보호 장치'라는 것이고, 뒤에서는 병은 어려움을 넘어 성공으로 나아가게 하는 '길라잡이'라는 것이다. 앞에서는 인체의 병을, 뒤에서는 나라의 병을 비유해서 이야기하고 있다. 이만하면 우리 각자의 몸에 드는 병이나 나라에 드는 병이나 다 좋다는 찬병가讚病歌를 불러봄 직하지 않는가.

　1998년 우리나라가 채무불이행이란 부도가 나서 IMF로부터 구제금융이란 수혈을 해야만 했을 때를 떠올리게 된다. 대다수 국민의 당혹감, 절망감, 울분과는 달리 유병득약有病得藥의 입장에서, 오히려 오래 기다리기라도 한 듯 '잘된 일이다. 이제 고질병을 고치라는 하늘의 뜻인가 보다.'라며 위기를 기회라며 기뻐하는 사람들도 없지 않았다.

　병적 현상으로 나라의 보호 장치가 작동되어도 무시하고 또 무시하였다. 그래서 마지막으로 브레이크가 작동되었다. 그때 바로 없어져야 할 병 중의 병, 고질병은 권력 놀음놀이였다. 이 '권력 놀음놀이'란 고질병은 넘보아서는 안 될 두 가지 자유, 바로 정치적 민주주의와 경제적 시장주의를 항상 못살게 하는 우리나라의 팔자병 비슷한 '관치병'이었다. 죽을 것을 살리고, 살 것을 못살게 굴어 죽이므로 무소불위로 비효율적, 비생산적, 비도덕적인 시장구조를 만들어가며 줄줄이 업보를 키워낸 결과였다.

　이십여 년의 회개 기간이 너무 짧았던가. 근래에 이르러 보호 장치의 경고음이 이어지고 있다. 사업체의 무더기 폐업과 해외 이주에 따른 실업자 양산, 연애·결혼·출산을 포기한 삼포세대에서 내 집 마련에다 인간관계까지 포기한다는 '오포세대'로 이름한 민생환경 악화, 여·야의 너 죽고 나 살자는 제로섬의 정치 투쟁, 매표를 위한 포퓰리즘으로 국력 저하, 책임 면피를 위한 폭탄 돌리기 등등이다.

  어렵다고 야단이다. 경고음은 무시당한다. 그렇지만 대책으로 이어지는 찬병가讚病歌가 아니라 무사태평 태평가다. 위정자들의 고뇌에 찬 모습조차 보기가 어렵다. 또 브레이크가 작동할까 두렵다. 이 약 저 약 하면서 뭉개고 있을 때 나라와 국민의 삶만 멍들어 간다. 유병득약 왕상지명有病得藥 王相之命이라 하지 않았는가.

-《경북문단》제40호(2022.전)

초역전 超逆轉

"어딜 그리 바삐 가세요?"
"기차표 예약하러 역으로 가는 길이오."
"아니 아직도 역에 가셔서 끊어요?"
"……운동 삼아서."

도심 큰길에서 오랜만에 마주친 직장 선배였던 K와 나눈 대화다. 늘그막에 어쩔 수 없이 겪어야 하는 불편을 편리한 핑계 '운동 삼아서'로 환치하고 나섰다. 소일 삼아서 은행 창구를 뻔질나게 다니고, 기차표 끊으려 역 발권 창구를 번번이 드나들었건만 팔순을 넘긴 노년에 결국 두 손을 들어야만 할 것만 같다. 은행 창구에 현금자동인출기를, 기차표 예매 창구에 자동 발매기를 설치하였기 때문이다. 달라진 문턱 때문에 그분의 곤혹스러운 일상은 디지털 세상과 담을 쌓는 한 현재진행형일 것이다.

"저는 손자 녀석에게 배워서 편리하게 이용하고 있습니다."라고 으스대는 일행 B의 모습에서 야학으로 문맹을 떨쳐낸 해방공간의 노인을 떠올렸다. 까막눈을 떠서 달라진 세상살이에 행복해하던 그 그림 말이다. 우리 일행의 이야깃거리는 '끝없는 배움'이었다. 공자천주孔子穿珠에다 불치하문不恥下問으로 이어졌다.

'공자가 구슬을 꿴다'라는 공자천주孔子穿珠는 공자가 아홉 굽이 굽은 구슬에 실을 꿰지 못해 애쓰는 것을 보고 시골 여자가 개미허리에 실을 매어 그 구멍으로 내보내 실을 꿰었다는 일화다. 박식한 사람도 범인에게서 배울 점이 있다는 경구다. 불치하문不恥下問은 논어論語 공야장公冶長 편에 나오는 고사성어로 자신보다 못한 사람에게 묻는 것을 부끄럽게 여기지 않는다는 말이다. 2천5백여 년을 관통하는 역사적 가르침인 공자천주와 불치하문이 놀랍게도 오늘날을 살아가는 기성 세대의 시대정신이 되고 있다.

역사적으로 농경사회나 산업사회에서 태어난 사람은 평생 비슷한 환경에서 살다가 생을 마칠 수 있었다. '한 우물 파기'가 경구로 통했고, 평생직장을 너무나 당연한 것으로 여겨왔다. 나이가 많고 경험이 많을수록 더 유능하고 높은 대우를 받았다. 연공서열은 당연한 처사였다. 하지만, 1980년 이후의 정보혁명은 그 수명이 삼십여 년에 불과했다. 지금 진행되고 있는 제4차산업혁명은 그 주기가 더 짧아질 전망이다. 건강백세를 추구하는 장수 시대다. 수명은 늘어나고 신문명 주기는 점점 짧아지다 보니, 한평생 변신에 변신을 거듭해야만 살아남을 수 있게 되었다.

오늘날을 초역전의 시대라고 일컫는다. 역전도 놀라운데 초역전이라니 얼마나 놀라운 일이겠는가. 그렇다. 부모보다 자식이, 선생보다 학생이, 임원보다 사원이, 장교보다 사병이, 선배보다 후배가 더 똑똑한 세상이다. 지적 수준이 높아서가 아니라 신문명의 주기가 단축되면서 일어난 현상이다. 이러한 초역전 현상을 극복하기 위한 수단인 리버스 멘토링reverse mentoring이 사회적 관심사다.

멘토mentor는 그리스 신화에 나오는 오디세우스가 전쟁터에 나가면서 친구 멘토mentor에게 자기 아들을 돌봐달라고 한 데서 생긴 말이다. 멘토mentor가 멘티mentee에게 하는 가르침이나 조언이 멘토링mentoring이다. 그래서 초역전의 시대에 거꾸로reverse 하는 멘토링mentoring이 리버스 멘토링reverse mentoring이다.

리버스 멘토링reverse mentoring은 자식이 부모에게, 학생이 선생에게, 사원이 임원에게, 사병이 장교에게, 후배가 선배에게 행하는 멘토링이다. 세상을 움직여 온 기성세대가 애송이들 신세대에게 거꾸로 배워야 하는 세상이 도래하였다. 요즈음 경향 각지 행정관서에서 일고 있는 신풍속도다. 가히 신문명 적응 운동이라 할 만하다.

리버스 멘토링reverse mentoring을 처음 들고나온 사람은 GE 잭 웰치 회장이다. 1999년 영국 출장 중에 인터넷에 능통한 젊은 기술자를 만난 체험에서 영향을 받아, 출장에서 돌아와 젊은 사원과 임원을 1대1로 멘토를 정해서 인터넷 사용법을 배우게 한 것이 첫 시도였다.

근래에 이르러 기성세대와 차별화되는 'MZ세대'라는 말이 회자되고 있다. 1980년 이후에 태어난 세대로 통칭 정보화 1세대다. 정보화시대는 미래학자 앨빈 토플러 저서 『제3의 물결』이 출간되면서였다. 인류 전체가 정보화 사회로 전환된 시점부터다. 지난 십여 년 동안 MZ세대 조직문화와 리더십으로 전환된 조직은 성장 발전했지만 꼰대ggondae가 장악한 조직은 추락 쇠퇴하였다. MZ세대 다음은 알파세대다. 2010년 이후에 태어난 알파세대가 무럭무럭 자라고 있다. 어려서부터 메타버스metaverse(가상 세계)로 소통하고 놀이하는 제4차산업혁명 1세대다. 이들이 사용하는 기술과 도구는 달라지게 마련일 것이다.

이제 '노인 한 분은 도서관 한 개'라는 말은, 전 세계 도서관 수백 개를 금방 검색해 내는 신세대에겐 덕담이 아니라 공론空論이다. 길눈이 아무리 밝은 노인도 내비게이션navigation을 사용하는 청년을 따라잡을 수 없는 것과 같다. 앞으로 몇 년이 지나면 십 대의 알파세대가 사회로 진출하게 된다. 그들의 세상은 또 다른 역전, 초역전을 열어갈 것이다. 신문명 제1세대가 성인이 되어 사회에 진출하는 순간 기성세대는 구세대로 밀려나게 된다. 마음껏 일할 수 있는 조직문화와 리더십 전환이 그래서 필요하다. 신세대에게 더 많은 권한과 기회가 돌아가야 하고 그들의 리더십이 발휘되어야만 새로운 장을 열어갈 수 있어서다.

 기성세대는 신세대가 열어갈 새로운 세상에 적응해야만 살아갈 수 있는 숙명적 존재다. 살아갈 공부와 버거운 도전의 연속은 불문가지다.

-《한국문학인》제65호(2023. 겨울)

메시지 '1984'

　　　　　　　문학은 과학을 선행한다. 문학은 이야기하고, 과학은 그 이야기를 만들어냈다. 멀리 볼 수 있는 망원경, 빨리 달리는 자동차, 하늘을 나는 비행기, 달나라에 오르는 비행체까지 문학적 이야기가 과학자의 탐구적 과제가 되었고, 그 과제가 발명품으로 현실화한 것들이다. 과학의 발전은 인간을 만물의 영장 반열에 올렸고, 이제 자연과 우주를 탐하는 현실에까지 이르렀다. 따라서 생활환경에 이르기까지 과학적 이기들의 영역으로 넘어갔다.
　작용에는 반작용이, 유리에는 불리가 있기 마련이라는 것이 과학적 이기들에 대한 평소의 생각이었지만 언젠가부터 엄습해 오는 반작용과 불리가 원인이 되어 갈등과 불안으로 이어졌다. 그것은 나의 일거수일투족을 훑어보고 있는 감시카메라 때문이었다.

방범을 위해, 교통안전을 위해, 보안을 위해, 특수목적을 위해 거미줄같이 촘촘히 설치해놓은 감시카메라는 24시간 쉼 없이 작동된다. 공중 이동감시카메라 드론에다 지상 감시 드론 로봇까지. 시공을 누비는 주민의 행동거지를 영상기록으로 남겨서 감식하는 세상이다. 그렇다. 살고 있는 아파트 구내에도, 문밖 거리에도, 버스 지하철 철도 비행기 등 교통수단의 이용에도, 민원을 해결하는 기관의 출입에도, 심지어 다중의 행사장에도 감시카메라의 눈을 피할 수 없다.

정상적인 사회생활을 하노라면 하루에도 수십 번씩 감시카메라에 찍혀야 하는 삶이 이어진다. 디지털 세상이 열리고부터 휴대전화 주파수가 남기는 개개인의 지리적 이동행적은 보이지 않는 또 다른 감시카메라 역할을 하고 있다. "웬만한 범죄는 다 잡힌다."는 범죄 수사관의 장담이 유익한 멘트임에도 무엇인가 구겨진 인격과 심상의 대가처럼 들릴 정도이다.

언젠가부터 조지 오웰의 소설 『1984』를 떠올리곤 한다. 1948년에 36년 후의 완벽한 전체주의 세계를 묘사한 미래소설이자 정치소설이다. 완벽한 전체주의를 주제로 그 잔학성과 인간 상실을 그렸다. 공산주의와 나치즘을 풍자하고 현대사회의 전체주의적 정신 풍토에 의한 경고이다.

조지 오웰이 상상한 1984년 세계는 오세아니아, 유라시아, 동아시아 3대 초 강대 국가군으로 정립한 무한 전쟁의 전체주의 세계이다. 이러한 전체주의 세계에서의 오세아니아가 무대이다. 거리, 방, 화장실에까지 설치된 감시 스크린에 의한 사상통제, '자유' '평화' '인권' '개성' 같은 전체주의에 반하는 말을 완전히 없애버린 새 언어로의 과거 통제만이 정치철학으로 존재하였다. 옛날의 언어를 빼앗기고, 과거를 조작당하고, 글쓰기가 금지당한다. 이러한 현실에서 인간으로서 자신을 표현하기 위해 감시 속에서도 글쓰기를 계속한다. 살아남는 게 중요한 게 아니라 인간으로 살아남아야 한다고 생각하는 주인공 윈스턴의 처절한 투쟁과 죽음이다.

우리는 자유를 누리며 살아간다. 마치 공기를 마시면서도 의식하지 못하는 것처럼 그렇게 살아간다. 너무나 당연하게 여긴다. 지금 살아가는 현실을 아무런 의심 없이 받아들이기보다 '지금보다 더 나은 세상으로 나아가느냐, 그렇지 않느냐' 생각의 끈을 붙잡고 살아가는 것이 너무나 당연한 권리이자 의무임에도 말이다. 자유를 억압당하고, 우리의 행동 일체가 감시를 당한다면, 게다가 정신까지도 지배하기 위하여 매일 당의 구호에 따라서 서서히 세뇌되어야 한다면 그 삶은 어떻겠는가. 상상조차도 엄청 끔찍하다.

전체주의는 히틀러나 스탈린 모택동 전유물이 아니다. 중국의 세계화와 사회주의 공산주의 추종 세력의 확산에 비춰 볼 때 전체주의는 흘러간 과거의 악몽이 아니다. 우리가 안고 있는 현재의 난제이다. 그러기에 우리는 전체주의 이후의 시대를 사는 것이 아니라 역사적, 지정학적으로 그 연장선상에 살고 있다.

과학의 발전은 인간의 도구화를 피할 수 없다. 물샐틈없는 감시시스템, SNS에 의한 개인정보의 노출, 안면인식에 의한 개인정보의 탐지 등 전체주의 경찰국가로의 환경을 빼닮아가고 있다. 들여다보는 것도 닮아가고 있다. 전체주의로 드는 환경적, 기능적 수단이 될 것이라는 우려이다. '1984'로 닮아갈 개연성이 상존하고 있는 세상이다.

6.25 참상에서 최단기간에 경제성장과 민주화란 두 가지 목표를 달성한 기적의 나라다. 이 나라가 선진국 문턱에서 좌절하고 있다. 성장보다 분배가 먼저다. 화합이 아니라 분열이다. 자유, 평화, 인권, 개성 등의 가치가 억압당하고 훼손 또는 축소되고 있다는 계속되는 평가는 우려의 시그널signal이다. 겹겹이 쳐놓은 감시시스템과 여론조작과 언론통제에 대한 국민적 경각심은 아무리 커도 지나침이 없다는 것, 이것이 메시지 '1984'이려니.

- 《대구문학》166호(2021.7.)

벌새 효과

서로 비켜선다는 것이 마주치는 스텝을 밟아 좌우로 주춤거린다. 그리 복잡하지 않은 도로에서도, 아니 산책길에서조차도 예외가 아니다. 제한된 시간에 건너는 복잡한 횡단보도에선 더욱 그렇다. 지하철 환승역 같은 인파가 몰리는 이동 구간에선 인내심조차 시험당한다.

이같이 마주 오는 이들과의 동선이 겹치거나 뒤엉켜서 보행에 애로를 겪노라면 '벌새 효과'를 떠올린다. 십여 년 전 우측통행 시대를 열겠다는 도로교통법 입법을 홍보하면서 강조한 것이 벌새 효과여서다.

세상의 꽃들은 가루받이를 위해 꽃가루의 존재를 알려야만 했다. 그래서 색깔과 향기를 진화시켰다. 꿀까지 동원하여 곤충을 홀렸고,

곤충들은 꽃에 접근하기 위해 감각기관을 더욱 진화시켰다. 이 진화는 곤충이 아닌 벌새마저도 꽃에서 꿀을 얻기 위해 공중에서 날개를 회전시켜 위아래로 움직이며 떠 있는 방법으로 진화했다. 이것이 '벌새 효과'이다.

신뢰 사회의 구축은 기초질서 확립이 먼저다. 남에게 폐 끼치지 않는 생활문화의 기본기부터 갖춰야 가능하다. 기저 문화인 우측통행의 생활화는 더 큰 준법정신으로 전이되어 신뢰 사회의 초석이 될 것이다. 보행에서 우측통행이 초중고 학생들부터 정착된다면 그 효과는 일반 시민들에게 전이되어 선진사회로의 준법의식 고양에 '벌새 효과'로 작용할 것이라는 확신이었다.

십여 년 전에 도로교통법을 만들어 우측보행 시대를 열었다. 사실은 더 일찍이 고종 황제 칙령으로 우측통행을 선포한 바 있었다. 이 우측통행이 조선총독부 도로취체규칙에 의거 일본과 똑같이 좌측통행으로 변경되었다가 해방 후 UN 군령으로 '차는 우측통행, 사람은 좌측통행'으로 이어졌다. 초중고 학생들의 질서 교육을 통하여 우리 생활 속에 깊숙이 뿌리내렸다. 이것이 우리나라 88년의 좌측통행 역사다.

경제, 사회발전과 교통 시스템의 양적, 질적 변화는 보행문화의 개혁으로까지 이어졌다. 좌측보행 88년은 좌측보행의 불합리를 자각하고, 우측보행으로의 변경 여론을 키워온 기간이었다. 차량 우측통행 교통 시스템에서 좌측통행은 교통사고에 노출될 우려가 커서 보행자에게 심리적 부담을 증가시킬 뿐만 아니라 공항, 지하철역 게이트, 건물 회전문, 횡단보도 보행 시 보행자 간 충돌 우려가 크다는 것이었다. 차와 사람 모두가 좌측통행하는 일본에 비하여 차는 우측, 사람은 좌측통행하는 우리나라의 기초질서 위반 비율이 44배, 교통사고 입원환자 비율이 8배나 더 높았다는 당시의 통계는 뭉갤 수 없는 자료였다. 아무리 빨리 바꿔도 빠르지 않다는 개혁의 신호였다.

보행문화의 개혁으로 우측통행 보행문화가 정착되면, 보행자 교통사고 감소, 보행 충돌 감소, 보행밀도 감소, 보행속도 증가 등의 긍정적 효과로 안전하고 쾌적한 보행환경이 조성될 것이며, 부차적으로 국제관행에 부합한다는 각종 연구 결과까지 뒷받침되었다.

2010년 7월 1일부터 시행된 보행자 우측통행은 법제화한 지 십여 년을 거쳤건만 아직 정착하지 못하고 그냥 겉돌고 있다. 그동안 공공시설물 및 지하철, 공항, 항만 등 다중 이용 교통시설의 에스컬레이터, 환승 통로 안내표지 등을 우측보행에 맞게 개선하거나 보·차도에서의 우측통행제도 확립을 위한 제반 환경개선의 노력에도 불구하고 마냥 그렇다.

백 년 가까이 대를 이어 익혔던 몸이 말을 잘 듣지 않아 일으키는 부적응 현상으로 해석할 수밖에 없다. 법을 지키려는 우측통행파와 따르지 못하는 부적응 통행파가 뒤죽박죽된 무질서의 혼란이다. 좌측통행도 우측통행도 아닌 마구잡이 통행, 난장판 통행이 되어버렸다. 벌새 효과를 기대했던 개정의 실익은 없고 무질서의 폐해만 키워간다.

질서적인 측면에선 진화는커녕 오히려 혼돈이자 퇴보이다. 가루받이 환경조차 제대로 이루어지지 않았는데 벌새 효과는 어불성설이다. 꽃과 곤충의 진화도 없는데 어찌 벌새의 진화가 있겠는가. 벌새도 오지 않았는데 어찌 벌새 효과를 기대할 수 있겠는가.

보행문화 개혁이 애초부터 이처럼 어려울 것이라고 상정하지 못하였을 것이다. 88년의 좌측보행 문화를 어쩌면 너무 쉽게 허물 수 있다고 여긴 탓이리라. 보행자 우측통행은 오랜 전통과 관행을 가벼이 본 정책 실패다. 그렇다고 우측통행의 합리를 포기하고 좌측통행의 불합리로 되돌아가는 선택의 문제는 결코 아니다. 벌새 효과를 위해서는 진화의 전제가 되는 가루받이 환경의 조성이 먼저다. 초중고 학생들에 대한 우측보행에 대한 지속적인 교육과 일반 대중을 상대로 하는 전 방위 홍보가 기본이다. 일반 대중의 자각과 실천적 참여로의 환경조성부터다.

우측보행이란 기초질서 기반이 '준법의식의 고양'이란 벌새 효과로 이어지기 위해서는 정책 실패의 인정과 입법 출발점으로 되돌아가는 용단이다. 벌새 효과를 기다린다는 애당초의 청사진이 거기에서부터여서다. 벌새는 빨리 와야만 한다.

-《경북문단》제39호(2021. 후)

왜 놈들이라니까

한 토막 에피소드다.

70년대 이른 봄의 어느 일요일, 서울역에서 교외로 떠나는 완행열차 객실이다. 소풍 열차로 인기가 높았던 객실은 남학생들의 무리, 여학생들의 무리, 남녀 짝을 지은 무리로 출발 전부터 이야기꽃으로 시끌벅적하였다.

기차가 출발한 뒤부터 시간이 지날수록 점점 더 크게 떠들어대는 한 무리가 있었다. 소음에 가까웠다. 다른 승객들을 의식하지도 않았다. 싸움하는 것만큼이나 고성으로 오가는 대화는 같은 객실의 승객들을 불편하게 하였다. 하지만 모두 힐끔힐끔 쳐다볼 뿐 무리의 위압에 주눅이 들어 참아내고 있었다.

그 무리로부터 십여 걸음 멀찍이 있던 다른 무리의 한 학생이 어금니를 고르면서 인내의 수위를 면상에다 그리고 있었다. 쪽팔려서

도저히 참을 수 없다는 그의 의분은 결국 그의 발걸음을 소음 무리로 옮기게 하였다. 그의 팔을 잡고 따라가며 말리는 친구를 뿌리치고는 소음 무리까지 다가가서, 권총 쏘듯 손가락으로 겨누면서
"조용히 못 해?"
버럭 소리를 내질렀다.
처음부터 식식거리고 눈을 부라리며 다가오는 것을 못마땅히 지켜보고 있던 소음 무리의 한 녀석이
"이누마새끼"
하면서 멱살을 잡고 앞뒤로 흔들어댔다.
"이 손 놓고 말로 합시다."
큰 소리로 훈계하던 녀석의 입에서 한풀 꺾인 목소리가 흘러나왔다.
"니 카이 내 카제, 니 안 카만 내 카나."
멱살잡이로 기세등등한 학생의 어깨는 좌우 춤사위다.
"마카 니끼가?"
옆에 있던 다른 녀석은 말리기는커녕 제압 확인에 나섰다.
"가리느까 와카노?"
옆에 있던 또 다른 녀석은 점잔을 빼며 분위기 마무리에 나섰다.
팔을 잡은 채 말리며 뒤따라왔던 학생이 연거푸 절을 하면서 용감한 친구의 팔을 잡아끌 듯 꿰차고 소음 무리를 피해 제자리로 돌아

갔다.

"왜놈 맞잖아! 왜놈들이라니까……." 하면서.

위의 이야기에서 소음 무리의 세 학생의 말을 번역하면 "이놈의 자식" "네가 그렇게 하니 내가 그렇게 하지, 네가 그렇게 하지 않으면 내가 그렇게 하겠느냐." "모두가 네 것이냐?" "뒤늦게 왜 시비를 거느냐."이다.

교외로 나가는 기차 안에서 높은 억양으로 떠드는 경상도 출신 학생들의 대화를 두고 서울 한 학생이 주의를 주는 과정에서 일어난 해프닝이다. 경상도 사투리가 일본어로 오해를 일으킬 만큼 소통을 가로막고 있다는 실증적인 사례다. 이야기의 초점은 픽션이냐 논픽션이냐에 있는 것이 아니라 '사투리가 의사소통에 미치는 영향'을 주제로 삼은 것이리라.

언어의 분화는 지역이 달라지며 형성되는 지역 방언과 사회적 요인(사회계층, 세대 차이, 성별 차이 등)에 기인하여 형성되는 사회방언으로 구분할 수 있으나 지역 방언이 대종을 이룬다. 언어의 분화는 그 폭이 아주 커지면 다른 언어로 갈리기도 하는데, 같은 알타이 Altai 조어祖語로부터 분화된 만주어와 한국어가 별개의 언어로 돼 버린 것을 언어학자들은 그 예로 인용한다. 오늘날 우리가 쓰는 한국어도 수천 년 동안 나라가 분리되고 통일되는 과정에 따라 분화와 동화의 과정을 거쳐 온 언어 역사의 산물이다.

표준어는 한 나라에서 공용어로 쓰는 규범으로서의 언어다. 의사소통의 불편을 덜기 위하여 전 국민이 공통으로 쓸 공용어의 자격을 부여받은 말이다. 우리나라에서는 교양 있는 사람들이 두루 쓰는 현대 서울말로 정함을 원칙으로 하고 있다. 주로 뉴스에서 들을 수 있다.

표준어와 대립하는 비표준어라는 개념으로서의 방언은 흔히 말하는 사투리다. 함경도, 평안도, 강원도, 충청도, 경상도, 전라도, 제주도 사투리로 일컬어지고 세련되지 못하고 격을 갖추지 못한 지방 언어다. 지방마다 다르고 각각 특색이 있으며, 토속적인 친근함을 느낄 수 있다. 하지만 한 나라를 기준으로 볼 때 장기간 교류하고 섞여 살기 때문에, 게다가 교육과 언론·매스컴의 표준어로의 흡인력 때문에 사투리는 생성 환경을 잠식당한 채 점점 사라지기 마련이다.

표준어로의 동화는 어휘를 달리하는 사투리보다 말의 어법·억양 때문에 더 큰 어려움을 겪는다. 어려움에도 정도의 차이가 있어서 몇몇 지역의 말은 어법과 억양이 표준어인 서울말로의 전환이 쉬운 표준어로의 높은 친화력과 동화력을 갖고 있다. 하지만 반대의 다른 몇몇 지역의 말은 전혀 다른 어법이나 억양 때문에 항상 표준어권 밖에서 따로 논다. 표준어 구사가 쉬운 지역 사람은 서울 사람 행세가 가능하지만, 그 반대의 지역, 특히 경상도 지역 사람은 어림 반 푼 어치도 없는 일이다.

서라벌의 말이 신라의 표준어였고, 북경의 말이 중국의 표준어이듯이 수도의 말이 대부분 그 나라의 표준말이다. 그러한 측면에서 볼 때 휴전선 그 이북의 우리말 분화가 걱정이다. 반세기를 넘긴 언어의 분화는 민족의 동질성을 해칠 것이 명약관화하다. 말의 통일이야말로 남북통일의 첫 번째 준비 과제가 되어야겠다는 생각이다.

- 《경북문단》 제42호(2023. 전)

차이를 차별하다

비슬산 오름 쉼터에서 산행 방담이 이어진다.
"이곳에 장가들어 삼십 년 넘게 살았는데 아직도 굴러온 돌 취급을 하니 어쩌면 좋겠소?"
"말도 하지 말게. 나는 총각 때 내려와서 장가들고, 아이 셋까지 낳아 기르고 출가시키면서 오십 년 가까이 살았지만 아직도 '서울내기'일세."
나머지 일행들은 그것이 귀에 익은 메뉴임에도 안타까운 표정을 지어가면서 고개까지 끄덕여 보탠다.
주간 산행이 십여 년을 넘기면서 곰삭은 일곱 명이 나누는 산행 방담은 이심전심의 단계에까지 이르렀다. 여러 차례 어려움을 겪으면서였다. 더러더러 민감한 주제에 관한 저마다의 관점이 다름의 벽에 부딪혀 왔기 때문이다. 회식 자리에서의 대화 금기 주제가 정치,

이념, 종교라고 하듯이 대중매체에서 받은 정치적 이슈가 화제에 오르는 날이면 논쟁으로 이어지거나 굳은 침묵으로 다름을 주장하곤 하였다. 그럴 때마다 '다름'의 이해가 선결 조건이자 문제의 키워드라고 믿었다.

'다름'을 생각하면서 세 가지 예화를 떠올린다. 하나는 태국에 골프투어를 다녀온 지인이 친절한 캐디에게 엄지손가락을 치켜세워 칭찬했다가 항의를 받았다는 얘기다. 칭찬의 사인이 아니라 부모 욕이라는 것이다. 다른 하나는 직장 선배가 카투사로 근무할 당시에 미군 병사를 부르며 오른팔을 뻗쳐 손을 흔들었는데 그 병사는 거꾸로 뒤로 달아났다는 얘기다. 손바닥을 밑으로 해서 손목을 상하로 흔드는 사인을 우리네는 밑으로 보지만 그들은 위로 본다는 것이다. 손등을 내보이며 위로 흔들며 멀리 달아나라는 사인으로 말이다. 또 다른 하나는 언젠가 TV에서 들었던 얘기다. '+'가 그려진 카드를 보고 산부인과 의사는 '배꼽', 환자는 덧셈 기호, 간호사는 '적십자', 약사는 '녹십자'로 본다는 것이다. 필시 병원 밖에서는 '십자가', '사거리' 같은 다른 대답이 나올 것이라고 여겼었다. 이러한 예화들이 하나의 사인sign을 두고 생각을 달리하는 '다름'의 전형 같아서일 것이다. 모두 다름이라는 관점의 차이요, 인식의 차이다.

다름이 다름으로 받아들여지면 문제가 없다. 다름이 틀림으로 받아들여지는 데에 문제가 있다. '다름'은 '서로 같지 않다.'라는 그대로의 '차이'지만, '틀림'은 '맞지 않고 어긋나다.'라는 '차별'을 유발한다. '다르다'와 '틀리다'의 혼용은 '다름'을 온전히 '차이'로 두지 않고 '차별'로까지 확장시킨다. 은연중 행동에서 '차이'와 '차별'을 구별 짓지 못하는 우를 범하게 된다. 바로 차이를 차별하게 된다.

일사불란한 조직문화에선 '다름'을 용인하지 않으려 한다. 곧 '틀림'으로 백안시하는 경향이 있다. 많은 사람이 다름을 불편하게 여기고 서로 같아야 한다는 강박관념 같은 것을 지니고 살아왔기 때문이다. '다르다'라는 것이 오류인 것처럼 사회적으로 인식되거나 개개인의 심층 의식에 똬리를 틀고 있는 것이 아닌가 여겨진다. 머리로는 다름을 인정하면서도 마음으로는 그걸 흔쾌히 받아들이지 못하는 그러한 모습들을 보면서다. 왜일까? 멀리는 집단적 공동가치가 최고선이었던 왕조시대의 인식 체계에서 비롯되었고, 가까이는 일제 강점기를 살아오면서 '다르다ちがう'를 '틀리다'와 혼용하는 일본 언어문화가 우리말에 크게 영향을 끼쳤으리라 믿어 의심치 않는다.

대체로 상대와 다름을 인정함에 있어서 대단히 인색한 그룹이 있다. 그들은 정치인들이다. 무조건적으로 '틀리다'라고 재단하려 든다. 지식인들도 못지않다. 자기의 주장과 논리 때문에 다름을 인정하려 들지 않는다. 다름이라는 차이를 틀림이라고 차별한다. 다름의 인정에 인색한 정치인, 지식인 그룹이 국민 대중을 선도하지 못하면서 거꾸로 자기들의 논리로 틀리다고 선동하고 있다. 우리들 산행 방담에서의 논쟁도 따지고 보면 대개가 그들과 부화뇌동하고 그들을 닮아가는 그 이상 그 이하도 아닐 듯싶다. 편 가르기에 자유로울 수 없으리라는 믿음에서다.

  삶 속에서 여러 가지 형태로 불쑥불쑥 모습을 드러내는 다름, 그것은 차이 쪽이 아닌 차별 쪽으로 기우는 관성을 가지고 있는가 보다. 이해하기보다 차별하기가 엄청 쉽다. 당면 현안으로 대두된 결혼 이주민, 취업 외국인 등에 대한 '다름=틀림'이라는 굴레가 그렇다. 더불어 살아가야 할 당사자들에겐 눈물겨운 현실이다. 이를 벗기는 국민적 이해와 실천은 아무리 빨라도 지나침이 없을 터이건만.
  세상은 달라져 왔고 달라지고 있다. 다름이 틀림이 아니라 온전히 다름으로의 대우를 요구받는 세상이 오고 있다. 21세기는 '나은' 것이 이기기보다 '다른' 것이 이기는 세상이라고 하지 않는가. 다름은 오직 이해의 대상이자 서로 좋은 쪽으로 닮아가야 할 덕목일 뿐이리라.

―《한국수필》제1308호(2020.10.)

당근과 채찍을 넘어

TV에서 '당근과 채찍'이란 말을 듣는다. 갑론을박 대북정책 좌담회. 북핵을 머리에 이고 살아가야 하는 궁벽한 안보 현실에서 일관된 대북정책의 부재를 드러내고 있다. 굴종적 퍼주기나 자주국방 포기에 대한 국민적 불안 못잖게 경계심을 잃은 다수 국민의 무감각, 무관심이 더 큰 문제인 듯싶다. 5년 만에 정권이 교체되면서 '당근과 채찍' 정책이 힘을 받는 모양새다.

'당근과 채찍'은 지금까지 불변의 원리, 아니 세상의 진리처럼 통해왔다. 이 말[言]은 말[馬]을 길들일 때 상으로 당근을 주고, 벌로서 채찍질하는 것에서 유래되었다. 당근은 잘했을 때 상으로 주는 것이고, 채찍은 잘못했을 때 벌로 내리는 것이다. 그래서 공적 관계부터 심지어 사적인 친구나 연인 관계에까지 그대로 적용된다고 그런다.

인간의 바람은 당근과 채찍이 없어도 물 흐르듯이 잘 돌아가는 것이다. 그다음으론 작은 당근으로, 가벼운 채찍으로 소기의 성과를 거두는 것이다. 그러나 상대가 있는 관계의 게임에선 당근도 채찍도 내 마음대로 결정하거나 집행할 수 없다. 너무 작은 당근도 문제지만 너무 큰 당근도 문제다. 너무 작은 채찍도 문제지만 너무 큰 채찍도 문제다. 작은 당근은 동기유발이 어렵고, 작은 채찍은 각성을 기대할 수 없다. 너무 큰 당근은 고비용의 부담으로, 너무 큰 채찍은 의욕 상실이나 좌절로 드러난다. 채찍 없는 당근, 당근 없는 채찍도 문제다. 당근이 일상화되면 효용체감으로 당근이 제 몫을 못 하고, 채찍이 일상화되면 면역이 생겨서 성과 하락으로 이어진다.

때문에 '당근도 채찍도 강할수록 효과적일까? 돈 들이지 않고 큰 효과를 거둘 수 있는 기막힌 당근은 없을까? 성과와 통제라는 목표를 모두 달성할 수 있는 균형 있는 당근과 채찍의 조합은 무엇일까?'라는 현재진행형 과제를 안고 살아간다.

이언 에어즈의 『당근과 채찍』에 사례로 소개된 일화다. 이는 미국 최대 온라인 신발업체 자포스에서였다. 신입사원 교육을 마친 직원들에게 "지금 자진해서 사퇴하면 2,000달러의 보상금을 주겠다."라는 뜻밖의 제안이 있었다. 그러나 무려 98%가 이 제안을 거절하고 회사에 남기를 선택하였다. 스스로 거절한 직원들은 회사에 대한 큰 기대와 비전을 갖게 되어 동기부여와 성과 창출로 이어지는 결과를 낳았다는 것이다. 돈 들이지 않은 기막힌 당근으로 엄청난 효과를 거둔 사례다. 무형의 칭찬과 격려가 돈으로 환산할 수 없는 당근이듯이 인간의 심리를 이용한 당근 아닌 당근책이 이처럼 큰 효과를 불러오는 것이다.

새로운 세기에 들면서 미래에는 '당근과 채찍'이란 과제에서 벗어날 수 있다고들 말한다. 미래 세대에겐 일하는 동기나 마음가짐이 달라질 것이기 때문이란다. 당근이 좋아서, 채찍이 싫어서가 아니라는 것이다. 그냥 일이 좋아서, 일하는 즐거움에서 일을 한다는 것이다. 상하 관계나 갑을 관계를 전제로 하는 '당근과 채찍' 전략이 통하지 않는 그런 세상을 살아가게 될 것이라고 말이다. 수직적 관계가 아닌 수평적 관계의 파트너로서 공동과업을 수행한다는 것이다. 공동선의 가치관이나 공동체의 필요에 따라 조건 없이 일하고 협조한다는 것이다. 당근과 채찍 전략이 아니라 사람의 마음에 달렸다는 것이다.

'보상과 처벌이 효과를 내려면 점점 더 강도가 세져야 한다.'라는 크레스피 효과에서 보듯이 당근과 채찍의 조합은 성패를 좌우하는 풀기 힘든 과제다. 핵이라는 비대칭 막강한 전력을 갖고 공갈 협박해 오는 전체주의자들에게 당근은 무엇이고 채찍은 무엇이란 말인

가. 논리에는 논리로, 힘에는 힘으로 답해야 하건만, 퍼주기와 굴종에서 '당근과 채찍'으로의 정책 변경이 힘겨워 보인다. 우민화 체제엔 우리가 가진 '자유와 번영'이란 막강한 비대칭전력이 당근이고 채찍이건만 이를 간과하고 있어서다.

  이제 '당근과 채찍'을 넘어설 미래를 살아가면서, 자유와 번영이란 나라의 최고 가치와 민족의 공동선이 통일정책의 중심으로 자리 잡기를 바라는 마음이다.

-《달구벌수필》 제18호(2022.)

신나는 춤을

'인생은 마라톤이 아니라 춤이다.'라는 코페르니쿠스적 말마디에서 낭패감狼狽感과 희열감喜悅感이 교차하였다.

내가 철들고부터 반세기 넘도록 살아오면서 인생에 대하여 느껴왔던 철석같은 믿음이 '인생은 마라톤경주다.'였다. 태어나서 부단히 배우고 노력하여 성공에 이르는 한 생애가 마치 마라톤경주를 빼닮아서였다.

'인생은 마라톤경주다.'라는 비유는 정신분석학의 원조 지그문트 프로이트의 원인론이 그 근거다. 마라톤경주에서 선수의 어느 지점에서의 상태는 출발점부터 달려온 그 지점까지의 일거수일투족의 결과다. 인생도 과거의 트라우마나 사건 때문에 현재의 내가 이런 방식으로 살고 있다는 믿음이다. 바로 인간의 행동은 무의식에서의 억압이나 저항 등에 의해 지배되기에 과거의 삶이 현재의 나를 만든다는 설파다. 지금 만년에 이르기까지 이러한 프로이트식 원인론에 사로잡혀 살아왔다. 금언처럼 통하는 세상의 말에 일말의 의심도 없었다.

'인생은 춤이다.'라는 다른 비유의 말은 개인심리학의 창시자로 불리는 알프레드 아들러의 목적론에 근거한 논리다. 목적론에 의하면 트라우마는 존재하지 않는다. 화가 나서 소리를 지르는 것이 아니라 소리를 지르기 위해 화禍라는 감정을 끄집어낸다는 것이다. 트라우마가 있어서 사람을 피하는 것이 아니라 사람을 만나지 않기 위해 트라우마를 이용한다는 것이다. 이처럼 프로이트의 환원론적 인간관에 대한 반론이다. 나의 현재 삶은 트라우마에 의한 것이 아니라 스스로 선택한 결과라는 것이다. 삶의 목적을 만들어 놓고 그것에 맞추어 사는 삶이라고 말이다. 인생은 과거-현재-미래로 이어지는 선線이 아니라, 점點 같은 찰나가 계속해서 이어질 뿐이라고. 결국 인간은 현재의 목적에 따라 살아간다는 것이다.

아들러는 프로이트의 열네 살 아래 제자다. 칼 구스타프 융과 더불어 심리학의 3대 거장으로 꼽힌다. 스승으로부터 원인론을 지켜달라는 압력이 있었는가 하면 동료들로부터 심한 따돌림을 받았던 아들러의 목적론은 플라톤의 이데아론에 대든 아리스토텔레스의 자연론 못지않은 대척점에 있었다.

　프로이트를 필두로 하는 심리학계의 주도적 이론체계가 1세기를 넘기는 동안 일방적 원인론 세상을 지켜왔을 듯싶다. 이것이 아들러 심리학의 일인자 기시미 이치로에 의해 널리 알려졌다. 새로운 세기 초 작가 고가 후미타케와 함께 지은 아들러 개인심리학을 이용한 『미움받을 용기』가 그것이다.

　아들러의 목적론은 용기의 심리학이다. 자유도 행복도 용기의 문제이지 환경의 문제도, 능력의 문제도 아니다. 원인론에서 말하는 트라우마를 과감히 탈피하고 지금, 현재의 나를 인식하고 살아가야 한다는 메시지다. 인간의 현재 행위는 자신이 견지하는 미래의 목적에 의해 선택되고 결정되어야 하지만 타인에게 미움받을 용기가 부족하여 감정적인 판단에 의지한 채 자기 미움으로 자책에 빠진다. 이처럼 우리가 미움받는 것을 두려워하는 것도 타인의 눈을 의식하기 때문이라는 말이다.

　아들러는 '자유는 타인에게 미움을 받는 것이다.'라고 했다. 미움받을 용기를 가진 자만이 진정 자유로울 수 있다고 말한다. 나에 대한 타인의 평가를 무시하고, 인정욕구에 얽매이지 말라고 조언한다. '인간의 본성은 타인지향형'이어서 나에 대한 타인의 평가로 성공을 가늠한다는 프랜시스 후쿠야마의 논리를 뒤집는다. 인정욕구에 휘말려서, 인정받기 위해서 보여주는 삶을 살지 말라고 경고한다.

인간은 언제, 어디서, 어떻게 죽을 것인지 도저히 모른다. 혼자서, 빈손으로 죽는 것만은 분명히 안다. 도저히 모르고, 분명히 아는 인생에서 자신을 행위의 차원이 아닌 존재의 차원으로 받아들일 때 행복으로의 용기가 힘을 받을 것이다. 아들러는 특별히 늙음을 퇴화로 보지 않고, 성공과 행복을 동일시하지 않으면 새로운 삶의 지평이 열리고, 자존감이 높아지리라고 조언한다. 평가와 평판이란 타인의 인정에서 풀려나면 순수하게 배우는 기쁨을 누릴 수 있다고 일러준다.

그렇다. 인생은 목적지를 향해 달리는 마라톤이 아니다. 순간순간 즐거움의 몸짓을 맘껏 누리는 춤이다. 선線이 아닌 점點 같은 찰나를 신나는 춤으로 채워가야만 하는.

－《대구문학》 제176호(2022.7.)

역발상의 숲

사람들은 여러 가지 측면에서 양면성을 지닌다. 남성적 여성적이라는 신체적 양면성, 적극적 소극적이라는 활동적 양면성, 긍정적 부정적이라는 정신적 양면성과 같은. 이러한 양면성 가운데 수직적 사고와 수평적 사고라는 사고의 양면성에 대한 인식이 창조적 파괴가 일상화되어 가는 첨단산업사회를 살아가면서 그 중요도를 키워가고 있다. 수직적 사고와 수평적 사고는 양면성을 지니면서 그것이 언행을 통하여 밖으로 표출되고, 제반 문제의 해결에 그 방식을 드러내서다.

수직적 사고는 고정관념을 가지고 사물을 판단하려는 사고 방법이고, 수평적 사고는 전통적인 고정관념을 탈피하여 사고의 중심을 수평으로 이동시키는 유연하고 함축성 있는 사고 방법이다. 수직적 사고는 '한 우물을 파라'는 말이 뜻하듯 어떤 어려움이 닥쳐와도 처음에 예정한 대로 추진해 가는 방법이고, 수평적 사고는 우물을 파더라도 돌이나 바위에 부딪히거나 난관에 부딪히게 되면 그 구멍은 포기하고 다른 곳에다 구멍을 파는 유연한 사고 방법이다. 수평적 사고는 논리적이지 않고, 인과에 얽매이지 않으며, 단계를 뛰어넘는 것이다. 하나의 사물을 관찰하더라도 뒤집어 보고, 엎어서 보며, 거꾸로 보고, 역전시켜 보는 등 여러 방법으로 관찰하는 사고의 테크닉이다.

20세기 말엽 어느 대기업의 회사창립 기념식 준비 최종 점검 회의가 있었다. 식순과 야외식장의 준비 사항, 초청 내빈의 안내와 행사 홍보, 축하연과 기념품 등 제반 사항을 점검하고 회의를 마친다는 점검책임자의 안내가 있었다. 이때 행사 준비에 동원된 수습사원 하나가 손을 번쩍 들고
"내일 비가 오면 어떻게 해요?"
걱정스럽게 한마디 했다.
그 자리에 있던 담당부장이
"이봐! 일기예보에 비 온다는 말 없었거든!"
"… …."
한차례 해프닝으로 끝났다.

정작 이튿날 행사 때에 일기예보와는 달리 소낙비가 쏟아졌다. 준비된 야외 행사는 쓸모없이 되었고, 준비 없이 허겁지겁 치른 실내 행사는 엉망진창이 되었다. 볼썽사나운 축제가 되었다.

맑은 날의 행사 준비를 비 오는 날의 행사 준비로 뒤집어서 생각하는 것, 이것이 바로 수평적 사고의 모델이 아니겠는가. 주눅 들었던 수습사원이 거꾸로 칭찬받고 그룹 회장의 신임을 받아 대성하였다는 이 일화는 훗날 각급 경영 간부 교육자료가 되었다.

수평적 사고를 얘기하면서 '솔로몬의 판결'이 또 하나의 좋은 사례가 될 수 있을 듯싶다. 성경(1열왕 3장16-28절)에 기록된 '솔로몬의 판결'에서 솔로몬 왕의 수평적인 사고로의 발상 전환을 볼 수 있어서다.

솔로몬 왕은 시종들에게 칼을 가져오게 하여 살아있는 아이를 둘로 나누어 두 여인에게 반쪽씩 주어라고 명령하였다. 그러자 살아있는 아이의 어머니는 제 아들에 대한 모성애가 솟구쳐 올라 임금에게 아뢰었다. "저의 임금님! 살아있는 아기를 저 여자에게 주시고 제발 그 아기를 죽이지 마십시오."라고. 그러나 다른 여자는 "어차피 내 아이도 너의 아이도 안 된다. 자, 나누시오!"라고 하였다. 그때 솔로몬 왕은 "살아있는 아기를 죽이지 말고 처음 여자에게 내주어라. 저 여자가 그 아기의 어머니다."라고 판결하였다. 솔로몬 왕은 살아있음에 대한 다툼을 죽임이라는 역발상을 통해서 아이의 진짜 어미를 찾은 것이다.

사고의 양면성을 조직사회에서 살펴보면, 수직적 사고는 다분히 자기중심적이고 자기본위이다. 무조건 자기의 주장은 옳고 상대방 의견은 모두 틀렸다는 식의 사고방식이다. 상대방의 의견이나 주장은 무시당한다. 이에 반하여 수평적 사고는 조직원의 긍정적이고 능동적인 참여와 소통을 통하여 발상의 전환을 도모하고, 창조적 사고를 유인한다.

대체로 조직의 윗사람들은 수직적 사고의 유혹에 현혹되기 쉽고, 아랫사람들은 수평적 사고를 유인하는 윗사람을 선호하고 잘 따른다. 그래서 조직의 리더가 바뀔 때마다 의사결정시스템도 따라서 바뀐다. 리더의 스타일만큼이나 조직문화의 변화를 드러낸다. 삼십여 년간 조직 안팎의 수많은 관련 업무의 의사결정을 지켜보면서, 지휘명령이 의사결정의 근간이 되는 수직적인 조직에서는 구성원들의 사고가 그들의 수직적인 조직문화를 더욱 고착시켜 나간다는 사실을 확인할 수 있었다.

무한경쟁시대에 진입한 21세기 지구촌의 생존 키워드는 '변화'이다. 마이크로소프트사의 빌 게이츠는 '생각의 속도'만큼 빠르게 변한다고 하였다. 아날로그에서 디지털로 진화되어 가는 5G 시대를 살아감에 있어서 수직적인 사고방식은 그 존재가치를 잃었다. 수직적인 사고방식으로는 누구에게도 인정받을 수 없고, 아랫사람들의 온전한 보좌를 기대할 수 없는 세상에 이르렀다. 순기능보다 역기능이 너무 크다는 차원을 넘어 도저히 세상의 속도를 따라잡을 수 없어서다. 수평적인 사고방식만이 역발상의 숲에 숨어있는 돌파와 도약의 열쇠를 찾을 수 있어서다.

─《수필과지성》제14호(2021.)

아부 아첨의 방향

"저는 비비질 못해서요."

얼마 전 직장 후배와 가진 차담茶啖 자리에서다. "이번에 중용될 것이라고 소문이 돌던데…."라는 나의 인사말에 이같이 에둘러 표현한 한마디다. 다른 경쟁자에게 밀렸다는 말이다. '비비질 못해서'라는 말은 '아부 아첨하지 못해서'라는 다른 표현이다. 자질과 능력은 물론 조직 공헌도까지 부족함이 없으나 아부 아첨하지 못해서 손해를 보고 있다는 실토였다.

프랑스 부르봉왕조의 절대군주 루이 14세를 "피와 살을 가진 살아있는 신"이라고 외쳐댄 신학자 보쉬에, 청나라 건륭황제가 기침할 때마다 문무 대신들 앞에서 황제의 가래침 그릇을 손으로 받쳐 올렸던 재상 화신, 한강에서 낚시하시던 이승만 대통령의 방귀 방사에 "각하, 아주 시원하시겠습니다."라고 했다는 이익흥 내무장관의 이야기가 아부 아첨의 사례로 전해온다.

　이같이 아부 아첨은 덕목이 아니라 부정적인 처신으로 통해왔다. '비아이당자오사, 첨유아자적야非我而當者吾師, 諂諛我者敵也'라고 가르쳐 왔다. '나를 비난하는 자는 나의 스승이요, 나에게 아첨하는 자는 나의 적이다.'라는 말이다. 하지만 역사 안에 솔직해서거나, 바른말 때문에 목숨을 잃은 사람은 있어도 아부 아첨을 해서 실패하거나 손해 본 사람은 없다. 이러한 역사적 사실 자체가 아부 아첨의 생명력이라고 굳게 믿는다. 앞의 아부 아첨의 부정적인 사례에서도 놓칠 수 없는 중요한 관점이 있다. 그것은 당사자 모두 중히 쓰임을 받았다는 사실이다.

　셰익스피어 이후 가장 위대한 극작가 버나드 쇼는 "당신이 누군가에게 아부한다는 것은, 곧 당신이 그를 아부할 만한 가치가 있는 사람이라고 여기기 때문이다."라고 했다. 미국의 유명한 사회학자 어빙 고프만은 "적절한 아부야말로 인간관계를 원활하게 해 주는 윤활유"라고 했다. 이러한 아부 아첨의 긍정적 관점은 미국의 정치철학자 프랜시스 후쿠야마의 '인간의 본성은 타인 지향형'에서 찾을 수 있다. 나의 존재가치는 나에 대한 다른 이들의 평가를 통해서 비로소 드러나기 때문에 타인들의 평가에 목을 맨다는 것이다. 허영심과 자존감으로 무장한 인간은 아부 아첨을 좋아하고 목말라한다는 것이다.

사실 그랬다. 공조직 직장에서부터 제 사회단체에 이르기까지 반세기 가까이 조직의 일원으로 생활해 오면서 아첨과 아부에 대해 터득한 세 가지가 있다. 하나는 사람, 대상, 시기, 장소, 이유, 방법이 특정된 것이 아니라 힘이 있는 곳이면 어디든지 있기 마련이란 것이고, 다음으로 아첨과 아부를 받아도 겉으로는 안 그런 척하면서도 내심 즐긴다는 것이며, 그다음으로는 많은 이들이 조직의 필수업무보다 오히려 아부성 노력이 변별력이나 차별화로 작동되어 빛을 본 경우가 허다하다고 믿는 것이다.

뜻글자 아부阿附는 언덕[阿]과 붙음[附]이고, 아첨阿諂은 언덕[阿]과 알랑거림[諂]이다. 사전에 아부는 '남의 비위를 맞추어 알랑거림'으로, 아첨은 '남의 환심을 사거나 잘 보이려고 알랑거림'으로 풀어놓았다. 비위를 맞추는 것과 환심을 사거나 잘 보이려는 것의 차이다. 다른 말로, 뜻을 구별하기 어려운 비슷한 말로도 통한다.

아부 아첨은 상향식이다. 아랫사람이 윗사람에게, 힘이 없는 사람이 힘이 있는 사람에게 하는 것이다. 인간들이 목말라하는 허영심과 자존감을 채워주는 언행들이다. 많은 이들이 믿고 있는 '달변가의 전유물'이 아니라는 점에서 특별한 능력으로 치부할 수 있다.

지연, 혈연, 학연 등 전통적이고 상호의존적인 인간관계 중시 형태에서 개별과 자율의 서구적 능력 중시 형태로 이전되면서 아부와 아첨은 그 위세를 많이 잃어가고 있다. 하지만 경쟁체제와 인간의 결합인 조직사회에서 '아부 아첨도 능력이다.'라는 믿음은 사라지지 않을 것이다.

　문제는 아부 아첨의 방향이다. 언덕 아래에서 위로의 상향식이 아니라, 언덕 위에서 아래로의 하향식으로 바꾸는 일이다. 윗사람이 아랫사람에게, 힘 있는 사람이 힘없는 사람에게 하는 아부 아첨은 살맛 나는 세상으로의 초대다. 경청과 관심과 배려야말로 바로 하향식 아부 아첨의 정형이리라. 하향식 아부 아첨이 조직관리와 생산성 향상을 위한 리더의 전략적 기술이자 파격적 덕목이라는 데 있다.

　아랫사람, 힘없는 화자를 우쭐하게 만드는 적극적인 경청과 공감이 얼마나 뛰어난 아부 아첨이겠는가. 비비는 것이 아랫사람, 힘없는 사람에게 외려 불통의 언어와 몸짓이 되는 그런 세상이 이상향으로의 길이라는 믿음에서다.

- 《달구벌수필》 제19호(2023.)

하계 下計

 "친구야, 오늘 초복인데 복달임하러 가야지."
"이열치열이니 삼계탕이 좋겠지."
 이른 아침 친구의 전화에 "좋고말고, 좋고말고"를 연발하면서 긴 복달임 대열에 줄을 서서 기다리는 기시감 같은 것을 느꼈다.
 어김없는 복더위 위엄이다. 그냥 앉아만 있어도 등줄기에 땀이 스멀거리며 흐른다. 매미가 복더위 선발대인가. 매미 울음소리 드높더니 이내 복더위가 뒤따라온 것을 보면서다. 복伏이란 차가운 금기金氣가 뜨거운 화기火氣를 무서워해 엎드려 있다고 해서 붙은 이름이다. 이제 불볕더위라고 이름한 삼복더위와의 대장정이 시작되었다.
 "복날이라 복잡할 터이니 반 시간쯤 일찍 가자." 해서 찾아간 삼계탕집엔 번호표를 나눠주고 있다. 예상을 훌쩍 뛰어넘는 복달임 인파다. 불평하는 이를 볼 수 없다. 마치 복더위와의 성전에서 의연히 거쳐야 할 의식처럼 보였다.

복伏은 개[犬]가 사람[人] 옆에 엎드려 있는 형상이다. 복날에 개를 잡아먹는 풍습이 이와도 관련이 있는 것일까. 어릴 적 시골의 복날 풍경을 떠올린다. 마을 잔치처럼 강변 밤나무숲에다 솥을 걸어 개장국을 끓였다. 더위를 이기려는 공동체적 의례였다. 동네 아이들까지 불러 뒷고기에다 개장국을 먹였다.

뒷날 직장 단합행사에서도 여름 보신용으로 개장국이 등장하기도 하였다. 이제 가축인 황구의 시간은 지나가고 애완견, 반려견의 시간이 도래하였다. 새로운 복달임 문화를 목도하고 있다. 예부터 삼계탕도 복달임으로 애용되었다. 어린 닭의 내장을 빼내고 인삼 찹쌀 대추 따위를 넣고 푹 고아내는 삼계탕은 복날뿐만 아니라 연중 보신용으로 손꼽혀왔던 보양식이다. 삼계탕이 복달임의 별식으로 특수를 누리고 있다. 그 별식도 이젠 인삼 자리에 산삼(장내삼)이 들거나, 낙지나 전복이 추가되는 등 '특' 자字를 붙여가며 몸값을 높이고 있다.

펄펄 끓는 삼계탕을 코앞에 들이민다. 열기를 내뿜는 돌그릇을 받아들고 이열치열以熱治熱을 생각한다. 우린 유난히 뜨거운 것을 좋아하는 민족이다. 구들목이 그렇고, 목욕물이 그렇고, 먹는 음식이 그렇다. 뜨거운 욕탕에 들면서 시원하다고 하고, 뜨거운 국물을 떠먹으면서 시원하다고 그런다. 외국인들 눈에는 '몬도카네'급 경이로움이지 싶다.

예부터 이열치열은 속담의 반열에까지 올랐다. 이것이 한국인만의 독특한 전래 건강법으로 여겨지고 있지만 정작 한의서 어디에도 나오지 않는 단어다. 중국에 현존하는 가장 오래된 의학이론서인 『황제내경黃帝內經』에도 이 말은 나오지 않는다. 거꾸로 치한이열治寒以熱, 치열이한治熱以寒이라 했다. 추위는 더위로 다스리고 더위는 추위로 다스린다는 말이다. 이열치열과는 정반대다. 조선 후기 문인 홍우채는 죽은 아들 홍계영을 애도하며 지은 제문(『관수제유고』 부록2) 가운데 불각이열치열不覺以熱治熱이란 말을 남겼다. 이열치열의 처방으로 아들을 죽음으로 몰았다는 후회의 말이다. 한자문화권인 중국 일본 베트남 어디에도 이열치열이란 말이 없다. 현대의학에서는 건강을 해치는 잘못된 식습관으로 그 위험성을 경고한다. 뜨거운 음식은 치아 질환과 식도암과 위암의 원인이 될 수 있다고 말이다.

그렇다면 이러한 현상은 도대체 어디에서 기인한 것일까. 민간에서 이열치열을 하나의 처방으로 믿어왔다. 뜨거운 음식을 먹고 땀을 흘리면 일시적으로 시원한 것, 이것도 그 믿음을 튼실히 다지는 데 한몫했을 듯싶다. 아마도 열증을 가장한 한증을 치료하는 열인열용熱因熱用의 처방을 오해한 탓일 수도 있겠다는 주장에 수긍이 간다. 오랜 기간의 믿음이었던 이열치열이 반 건강이라는 사실 앞에서는 면책될 수 없기에 속담의 명줄마저 미련 없이 끊어내야 할 판이다.

청장년 시절, 이열치열에 빗대어 이주치주以酒治酒를 믿었다. 숙취를 해장술로 풀면서 이주치주라 하였다. 해장국에다 곁들이는 해장술은 숙취를 덜어주는 방책이었다. 해장술은 숱한 술자리를 이겨내는 구원투수였던 셈이다. 하지만 이주치주가 과음으로 망가진 몸을 더 망가뜨리는 자해행위라는 의학계의 반 건강 경고에 그 믿음은 깨어졌다. 이주치주의 믿음도, 습관도 서서히 사라질 것이리라.

근년의 매스컴이나 언론엔 범인으로 범인을 다스린다는 말이 화제였다. 가히 이범치범以犯治犯이라 할 만했다. 나라 법무행정의 총수·차수도, 검찰 사무를 총괄하는 총수도, 검찰의 핵심 조직인 서울중앙검찰의 총수도 하나같이 피의자로 조사를 받고 있었기 때문이다. 어찌 법 집행의 영令이 설 수 있었겠는가, 라는 장삼이사張三李四의 볼멘소리들은 이범치범의 성토였다.

이열치열, 이주치주, 이범치범까지도 개인이나 나라의 건강을 해치는 백해무익의 하계下計임에는 한통속이다.

- 《달구벌수필》 제18호(2022.)

3
트로이 목마

플라톤의 '행복의 조건' 음미

톨스토이 잠언箴言

트로이 목마

함무라비의 외침

위대한 역리逆理

죽음과 문학

공성전攻城戰 유감

카이사르의 명언 조명

공자를 통해서 보다

사랑의 헌시, 신곡

플라톤의 '행복의 조건' 음미

젊은이는 나이를 먹지만, 늙은이는 나이를 줄인다고들 한다. '줄인다'는 말은 여명의 햇수가 줄어든다는 의미이다. 대체로 나이를 줄이는 노년의 단계에 진입하면, 너무 빠른 세월의 흐름 앞에 적이 놀라게 된다. 행복을 향하여 애면글면 살아온 인생 성적표를 받아 들고 언제, 무엇이, 얼마나 행복하였는지를 곰곰이 되짚어 보게 된다. 역사 안에 하나같이 인생의 덧없음을, 허무함을 노래하고 있으니 행복은 스무고개에도 풀리지 않을 난제임이 틀림없어 보인다.

서양철학의 성조라 일컫는 소크라테스, 플라톤, 아리스토텔레스는 저마다의 행복론을 설파하였다. '영혼의 탁월함'이라는 영혼의 온전한 상태를 통해 행복을 이룬다는 공통적 지향점에도 불구하고 플라톤의 다섯 가지 '행복의 조건'이 논리적, 추상적이지 아니한 현실감 있는 척도 때문에 설득과 이해의 측면에서 단연 압권이다.

플라톤의 다섯 가지 '행복의 조건'은 이렇다. 첫 번째로 먹고 입고 살고 싶은 수준에서 조금 부족한 듯한 재산, 두 번째로 모든 사람이 칭찬하기에 약간 부족한 용모, 세 번째로 자신이 자만하고 있는 것에서 사람들이 절반 정도밖에 알아주지 않는 명예, 네 번째로 겨루어서 한 사람에게 이기고 두 사람에게 질 정도의 체력, 다섯 번째로 연설을 듣고서 청중의 절반은 손뼉을 치지 않는 말솜씨라고.

그렇다면 이와 같은 다섯 가지 '행복의 조건'을 내놓은 플라톤의 삶은 어떠했겠는가. 궁금증의 해답은 역사적 기록 여기저기에서 도드라지게 드러난다.

플라톤은 대단한 집안에서 태어났다. 아버지는 아테네 마지막 왕 코드로스의 후손이고, 어머니는 아테네 민주정의 솔론 후손이다. 어머니는 아버지 사후 아테네 민주파의 제1의 지도자 페리클레스의 친구 피릴람피스와의 재혼하였다. 게다가 외당숙 크리티아스는 30인 정권에 참여한 막강한 정치인이었다. 스승 소크라테스를 잃고 도피지 시칠리아에서 십여 년이나 떠돌아다녔어도 집사들이 관리해온 재산으로 훗날 아카데미아를 설립하였을 정도로 타고난 부자였다. '먹고 입고 살고 싶은 수준에서 조금 부족한 듯한 재산'이란 첫 번째 조건과는 맞지 않는다.

플라톤의 본래 이름은 아리스토클레스였으나 '넓은 어깨'라는 '플라톤'으로 불리었으며, 레슬링대회에서 3회 이상 우승할 정도로 뛰어난 체력에다 전해지는 그의 조각상으로 미뤄 볼 때 수려한 외모의 꽃미남이었음이 틀림없을 듯싶다. '모든 사람이 칭찬하기에 약간 부족한 용모'라는 두 번째 조건과 '겨루어서 한 사람에게 이기고 두 사람에게 질 정도의 체력'이라는 네 번째 조건과 맞지 않는다.

　플라톤은 각료들의 무릎에서 놀았을 정도로 귀하게 자랐다. 자라면서 정치의 세계를 보고 익히면서 정치가의 꿈을 키웠다. 30인 정권을 무너뜨린 민주 정부라면서 민주적 방식을 빌려 스승 소크라테스를 처형하는 것을 보고 아테네를 떠나 십여 년을 떠다녔어도 도시국가 시라쿠사의 디오니시오스 왕으로부터 정치자문관으로 초빙받을 만큼 플라톤의 명예는 알려져 있었다. 훗날 아카데미아를 설립한 교육자로서의 명예나 위상은 실로 엄청난 것이었다. '자신이 자만하고 있는 것에서 사람들이 절반 정도밖에 알아주지 않는 명예'라는 세 번째 조건과 맞지 않는다.

　플라톤은 스승 소크라테스가 말끝마다 들이민 '도대체'라는 숙제를 '이데아'라는 해답으로 풀어낸 논리적인 사람이었다. 불혹의 나이에 아카데미아를 세워 팔순까지 사십 년을 교육하였으니 말솜씨 또한 타의 추종을 불허하였으리라 믿는다. '연설을 듣고서 청중의 절반은 손뼉을 치지 않는 말솜씨'라는 다섯 번째 조건과 맞지 않는다.

플라톤이 설파한 다섯 가지 행복의 조건은 플라톤 자신의 삶과는 모두가 들어맞지 않는다. 과연 그가 남긴 대화록이나 역사 안의 행적으로 비춰볼 때 행여 수사적으로 제시한 교육용인가, 라는 의문이 생긴다. 하지만 그렇지 않다고 여겨짐은 왜일까.

플라톤이 일찍 아버지를 여의고 의붓자식으로 자라면서 겪었을 사랑의 결핍, 정권이 바뀌면서 겪었을 기득권의 상실, 스승 소크라테스의 처형과 수제자들을 옥죄는 정치적 공포, 도피의 이역 땅 시칠리아에서의 불안정한 생활, 도시국가 시라쿠사 정치자문관에서 노예로 전락한 인생 파멸, 아카데미아의 운영과 학문적 성취에 대한 과부하 등이 플라톤으로 하여금 평범한 행복의 조건에 천착하게 하였으리라는 믿음이다.

플라톤이 제시한 다섯 가지 행복의 조건은 완벽하고 만족할 만한 것들이 아닌 조금은 부족하고 모자란 상태이다. 재산이든, 용모이든, 명예이든, 체력이든, 말솜씨이든 부족하거나 모자람이 없는 완벽한 상태에 이르면 바로 그 완벽함 때문에 거꾸로 근심과 불안, 긴장과 불안정을 유발하게 될 것이라는 그의 확신이다. 그는 지극히 평범함을 행복의 조건으로 보았다. 행복은 남들보다 우월하다거나 경제적인 여유로움에서가 아니라 각자가 주관적으로 어떻게 느끼는지의 감정의 상태가 중요하다고 믿었다. 플라톤 자신의 경험칙에 의한 행복의 조건들이다. 필시 적당히 모자란 가운데 그 부족한 부분을 채우기 위해 노력하는 일상의 삶 속에 행복이 깃든다고 생각했으리라.

　근대의 철학자 칸트는 세 가지 행복의 조건을 내걸었다. '첫째 할 일이 있고, 둘째 사랑하는 사람이 있고, 셋째 희망이 있다면 그 사람은 지금 행복한 사람이다.'라고. 일상의 삶 속에 행복이 있다고 갈파하였다. 기원전 5세기의 플라톤의 행복의 조건이나 18세기의 칸트의 행복의 조건이 공히 다른 이들보다 우월하다거나 더 많이 소유하거나가 아닌 평범함에서의 조건들이다. 우리 인간이 구하는 행복은 플라톤에서 칸트에 이르는 2천3백 년을 관통하며 흔들림이 없이 현재진행형 행복의 조건으로 거증되고 있다. 행복은 인생의 목표가 아니라 수단이며, 강도가 아니라 빈도라고 말이다. 바로 대박이 아니라 마일리지라고.

- 《한국문인》 제130호(2021. 10·11.)

톨스토이 잠언箴言

문학동인 단체카톡방에 '톨스토이의 세 가지 의문'이란 글이 올라와 있다. "이 세상에서 가장 중요한 시간은 언제인가? 이 세상에서 가장 중요한 사람은 누구인가? 이 세상에서 가장 중요한 일은 무엇인가?"라는 '톨스토이의 세 가지 의문'을 접하면서 『전쟁과 평화』, 『죄와 벌』, 『부활』 등 톨스토이의 대표적 작품들보다 먼저 세계 3대 참회록으로 꼽히는 '나그네 인생'이란 우화를 곁들인 그의 『참회록』을 떠올린다. 아마도 '톨스토이의 세 가지 의문'이 '나그네 인생'이란 우화의 실천적 가르침으로 다가와서일 듯싶다.

 세계 3대 참회록은 아우구스티누스 참회록, 장 자크 루소 참회록, 레프 니콜라예비치 톨스토이의 참회록이다. 이들을 살펴보면서 아우구스티누스로부터 루소를 거쳐 톨스토이까지 일천오백 년에 이르는 고백문학으로서 헤아릴 수 없는 그 가치와 존재의 무게감을 맛

보게 된다.

아우구스티누스는 16세에 여색을 탐닉하고, 17세에 한 여인과 동거로 아들을 낳고 13년을 살았다. 그 여인을 버리고, 어린 여자와 약혼하고, 또 다른 여자와 동거하였다. 사이비 종교 마니교를 믿었다고 고백한다. 그의 고백록은 37세에 신부 서품에 이어 42세에 주교 서품을 받고 하느님께 드리는 고백이자 인간론, 시간관, 성경해석방법론 등을 기술한 기독교 고전이다. 종교와 철학에 다리를 놓은 최고의 철학자요 신학자로 기독교의 아버지로 추앙을 받는다.

장 자크 루소는 자기의 출산으로 어머니를 잃고, 아버지에게 버림받고, 외삼촌에게 목사에게 맡겨졌고, 필사 견습공과 조각가의 도제로 살았다. 열여섯 살부터 방랑 생활을 하였다. 불안정한 생활에서 만난 바랑 부인과의 모자간의 사랑과 이성 간의 사랑이 뒤섞인 근친상간의 갈등을 겪었다. 훗날 세탁부 테레르 라바쇠르를 만나 다섯 아이를 낳고 모두 고아원에 맡겼다. 근대적 교육론인『에밀』은 그의 어린 시절과 방랑 생활에서 체득한 생생한 경험의 산물이었지만 그것으로 인해 자책하였다. 그의『사회계약론』은 프랑스혁명과 미국 독립운동의 불씨가 되고 불쏘시개가 되었으며, 오늘날 시민민주주의의 정초가 되었다.

레프 니콜라예비치 톨스토이는 남러시아 명문 백작의 4남으로 태어났으나 어려서 부모를 여의고 친척 집에서 자랐다. 그는 거짓 도

둑질 간통 폭행 폭음 등을 자책하였고 허무주의에 빠져 여러 차례 자살 시도를 하였다. 영지 농노의 아내와의 일탈로 사생아를 낳고 정식 부인과의 사이에서 낳은 아들의 마부로 부렸다. 서른네 살에 열여섯 살 어린 소피야와 결혼하였다. 그의 톨스토이즘은 기독교 영성에 입각한 무정부주의라는 진보적인 사상이었다. 새로운 신앙을 주창하여 『나의 신앙은 무엇에 있는가』는 당국에 압수당하고, 『그러면 우리는 무엇을 할 것인가』는 판매금지 처분을 받았다. 만년 71세에 이룬 문학의 『부활』에도 불구하고 두 해 뒤 러시아 정교회로부터 파문을 당하였다.

세계 3대 참회록의 당사자인 아우구스티누스, 장 자크 루소, 레프 니콜라예비치 톨스토이는 명예를 중히 여기는 사람들이 감히 밝히기 어려운 사실들을 온전히 폭로함으로써 진실에 접근하고자 하였고, 그들이 이뤄놓은 작품들로써 부활하게 된 것이다. 참회록이 세 분을 위인으로서 길이 역사에 살아있게 한 동인이었다는 데에 의심의 여지가 없으리라.

아우구스티누스 참회록은 주교 서품을 받은 이듬해인 43세부터 써서 3년 뒤에 출간하였고, 루소의 참회록은 『사회계약론』과 『에밀』이 판매금지가 되고 유죄로 도피 중이던 58세에 탈고하였다가 사후에 출간하였으며, 톨스토이의 참회록은 『전쟁과 평화』『안나 카레

니나』 두 작품으로 러시아의 호메로스로 명성이 드높던 54세에 출간하였다.

　노년에 들어서가 아니라 왕성한 활동기에 참회하고 참회록을 남겼다는 사실에 방점을 찍는다. 대부분 죄가 육욕 물욕 정신욕에서 비롯되었지만, 주된 참회 대상은 본능적 욕구인 육욕에 기인한 죄가 공통적이다. 본능적 욕구를 제어하기가 얼마나 어려운 것인지를 말하고 있다. 세 분 위인의 삶이 이러할진대 그냥 잊히고 묻히는 일반 대중들의 삶이야 오죽하겠는가. 비록 욕구 제어 실패로 죄를 지었더라도 왕성한 활동기에 빨리 참회하고 거듭나야 한다는 삶의 귀중한 가르침을 받게 된다.

　늦은 밤에 여든두 살의 톨스토이는 가출을 감행한다. 오십 년 가까이 살아온 열여섯 살 연하의 아내 소피야에게 한 통의 편지를 남기고서. 주치의와 막내딸만 데리고 상트페테르부르크역으로 가서 무작정 3등 열차에 올랐다.

　목적지도 없는 자유로운 여정의 기차에서 딸과 주치의에게 남긴 한마디다.

　"이해하려면 먼저 사랑해라. 내가 이해하는 모든 것은 내가 사랑하기 때문이다. 가장 중요한 시간은 지금 시간, 가장 중요한 사람은 지금 내 앞에 있는 사람, 가장 중요한 일은 지금 하고 있는 그 일이다."
 랴잔역과 우랄역 사이에 있는 아스타포보 간이역에 내려 역장 집에 하룻밤 유숙한다는 것이 영면으로 드는 외길이었다. 그가 남긴 한마디는 잠언이 되어 세상의 인구에 회자되고 있다.

-《한국수필》제1322호(2021. 12.)

트로이 목마

 영화《트로이》를 생각한다. 16년 만에 재개봉된 영화다. 영웅 아킬레우스의 고통과 분노를 실제 이상으로 리얼하게 펼쳐 보인 주연 브레드 피트의 열연, 게다가 트로이 제1왕자 헥토르와 제2왕자 파리스 역의 에릭 바나와 올랜드 블룸과 함께 펼치는 팽팽한 전율의 부피감이 역시 영화의 백미였다.
 영화《트로이》의 원작은 호메로스의《일리아스》이다. 호메로스는《일리아스》와《오디세이아》의 작가로 알려져 있다. 호메로스라는 이름은 서양문학사 최고의 자리에 있으며,《일리아스》와《오디세이아》는 구전문화에서 기록문화로 진입한 서양문학의 효시이자 그리스 문화의 원형으로 통한다.
 《일리아스》는 대개가 '트로이 전쟁 이야기'로 알지만 본래의 뜻은

'일리온에 관한 이야기'라는 말이다. 일리온은 터키 소아시아 서북부에 있는 트로이를 가리킨다. 《오디세이아》는 '오디세우스의 이야기'이다. 《일리아스》는 트로이 전쟁이라 일컫는 스파르타와 트로이의 십 년간의 전쟁 중 마지막 51일 동안 아킬레우스를 비롯한 여러 장수들을 중심으로 일어나는 일들을 무려 15,693행 24권이란 방대한 양으로 노래한 영웅서사시이다. 《오디세이아》는 트로이를 함락한 후 오디세우스가 십여 년에 걸쳐 귀향길에서 겪은 역경의 방랑기, 특히 귀향 전 40일간에 집중된 모험담을 12,110행 24권이란 방대한 양으로 엮은 대 서사시이다. 《오디세이아》는 흔히 《일리아스》의 속편으로 분류되지만 두 작품의 내용이 곧바로 이어지는 것은 아니다.

영화 《트로이》는 당초 개봉 당시에 원작을 왜곡하고 훼손했다는 비판을 받았다. 하지만 독서를 통해서 느낄 수 있는 짜릿한 전율을 시각과 청각으로 느끼게 하는 연출, 신들이 개입하는 피동적인 영웅상보다 전장에서 싸우는 장수의 고뇌에 찬 숭엄한 결정이 불가피한 변형이라고 여겨진다. 호메로스의 《일리아스》와 《오디세이아》는 신화이다. 신화는 지속적으로 변형되어 간다. 변형되지 않고 고정되면 역사이고 사실이다. 신화는 계속해서 다른 이야기들을 생산해낸다. 그것이 신화의 힘이다. 그런 의미에서 영화 《트로이》는 신화의 힘이자 예술의 힘이라고 받아들여질 만하다.

《일리아스》에도 《오디세이아》에도 트로이 목마가 나온다. 《일리아스》의 끝도, 《오디세이아》의 시작도 트로이 목마이다. 전쟁에 먼저 지친 것은 성 안의 트로이 군사들이 아니라 오랫동안 집을 떠나온 성 밖의 그리스 군사들이었다. 사기가 떨어져 철수하자는 이야기가 오갈 지경이었다. 진퇴양난의 형국에서 지혜로운 전사 오디세우스의 마지막 승부수가 있었다. 그것은 커다란 목마 속에 특공대를 숨겨서 입성하는 위장 전술이었다. 목마만 놓고 철수했다가 트로이 군이 방심하는 틈을 타 불시에 공격하려는 속셈이었다.

"목마는 아테나 여신을 위해 만든 것이랍니다. 저렇게 크게 만든 것은 트로이 군이 목마를 성 안으로 운반하는 것을 막으려고 한 것입니다. 예언자가 말하기를 목마가 트로이 손에 들어가면 트로이가 승리할 것이라고 했기 때문입니다."라고 시논이란 스파이를 시켜 거짓 소문을 퍼트렸다.

스파이의 말을 믿은 트로이 사람들은 아무런 의심 없이 전리품이라며 그 목마를 성 안으로 끌고 들어갔다. 그리고 그날 밤, 트로이의 사람들이 모두 잠들자 목마 안에 몰래 숨어 있던 특공대가 나와서 성문을 열었고, 밖에서 대기하고 있던 군대는 쉽게 트로이 성을 함락할 수 있었다. 이 목마 때문에 전쟁에 패하였고, 트로이는 역사 속으로 사라졌다.

호메로스의 '트로이 목마'는 3천여 년의 시간과 그 역사의 공간을 관통하여 왔다. '트로이 목마'를 경고하고, 그러면서 만들고, 투입하고, 승패를 판가름하여 왔다. '선물을 가져오는 그리스인은 조심하라.'는 서양의 속담이 바로 이 트로이의 목마에서 비롯된 것이다. '트로이의 목마'는 외부에서 들어온 요인에 의해 내부가 무너지는 것을 일컫는 용어가 되었다. 오늘날 다른 사람의 컴퓨터 운영체제에 침투하여 파일을 훔치거나 변형시키는 악성코드를 '트로이 목마'로 명명한 것도 호메로스 작품의 영향이다. 국가 간은 물론 개인이나 단체 간에 뻔히 눈뜨고 당할 트로이 목마는 얼마나 많겠는가. 우리가 살아가는 세상에 '선물을 가져오는 그리스인'은 또 얼마나 많겠는가.

《일리아스》와 《오디세이아》, 합쳐서 27,803행 48권의 서사시를 노래하는 호메로스는 앞도 못 보는 여류 음유시인이다. 두 눈으로 보는 인간들의 보는 행위가 오히려 분별력과 판단력을 흐린다는 은유를 담은 것이라는 데에 '트로이 목마'는 언제나 현재진행형이다.

- 《한국수필》 제1313호(2021. 3.)

함무라비의 외침

 TV 뉴스 화면에 범인의 얼굴이 클로즈업된다. 그동안 지켜봐 왔던 다른 범죄자와는 사뭇 다르다. 반성의 기미가 없어 보인다. 인면수심人面獸心인가 뻔뻔스럽다. 체념의 결과로 보기에도 너무 당당한 표정이다. 시청자가 외려 곤혹스럽다.

 스물여섯 살 범인은 스토킹하던 큰딸이 만나주지 않은 데 앙심을 품고 택배를 위장해 아파트로 침입해서 세 모녀를 난자하여 살해하였다. 주도면밀한 계획범죄였다. 치를 떨게 하는 사건의 보도는 온 나라를 들끓게 하였다. 백 번 죽이고도 남을 놈이라고. 인간의 탈을 썼을 뿐이지 인간이 아니라고.

 1년 넘게 3심을 거쳐 확정된 처결은 무기징역형이다. 살인범의 인권은 있고, 죽은 이들의 인권은 사라졌다는 말인가. 무고하게 살해당한 세 사람의 생명권은 없다는 말인가. 죄 없이 무참하게 죽은 세 사람의 목숨은 어쩌라고. 이게 정녕 공정한 심판인가. '죽은 이만 불쌍하다.'라는 익숙한 탄식이 흐른다. '눈에는 눈, 이에는 이'라는 함무라비의 외침이 들리는 것은 아마도 너무나 불공평해서일 듯싶다.

성경 마태복음에 '눈은 눈으로, 이는 이로'라는 말이 있다. 이를 비롯하여 성경 여러 군데에 함무라비법 내용이 나온다. 기원 세기 율법 학자들과 바리사이파들이 숭상했던 율법의 원전은 기원전 1750년경에 작성한 '눈에는 눈, 이에는 이'라는 함무라비법이었다.

이 법은 1901년 프랑스 탐험대에 의해 성문법 형태로 페르시아 수사에서 발견되었다. 2.25m 높이의 돌기둥에 총 282조를 설형문자(쐐기 모양의 문자)로 새겨놓았다. 바빌로니아 신神인 마르둑 Marduk의 신전에 있던 것을 기원전 12세기 엘람의 왕 슈트루크 나훈테가 전리품으로 수사로 옮겨놓은 것이었다.

함무라비는 아카드 사르곤 왕 이후 메소포타미아 지역을 두 번째 통일한 바빌론 제1왕조의 여섯 번째 왕이다. 정복 전쟁을 끝내고 도시 국가들을 하나로 묶어 제도적으로 중앙집권적 통일 국가로 출범하면서 시도한 '법의 통일'이었다. 크게 경제법, 가족법, 형사법, 민법, 노예법 등으로 나눠진 판례법 형태의 법전이다.

함무라비법은 '눈에는 눈, 이에는 이'라는 탈리오 법칙인 동해보복법同害報復法이었다. 그러나 실제는 모든 이에게 공평하게 적용되는 법이 아니었다. 귀족, 평민, 노예라는 신분사회에서 신분 내의 동해보복법이었다. 만일 어떤 귀족이 다른 귀족의 눈을 멀게 했다면, 그 가해자의 눈도 멀게 하였다. 만일 어떤 평민이 다른 평민의 눈을 멀게 했다면, 그 가해자도 눈을 멀게 하였다. 귀족이 다른 계층에게 해를 입힌 경우에는 그 처벌은 다소 가벼웠다. "만일 귀족이 평민의 눈을 멀게 하거나, 뼈를 부러뜨렸을 때에는 1마나를 벌금으로 내야 한다." "만일 귀족이 노예의 눈을 멀게 하거나, 뼈를 부러뜨렸을 때에는 0.5마나를 벌금으로 내야 한다."라고 하였다. 만인 평등법이 아니라 신분제에 의한 차등법이었다. 심지어 죄인을 강에 던져 신의 판결을 받게 한다는 등의 신판神判 개념, 살인에 있어서 고의성을 따지지 않고 동일 형벌을 내린다는 개념 등은 현대의 잣대로는 수용하기 불합리한 것들이다.

21세기를 살아가는 지구촌에는 문명국으로 선진 민주 법제를 갖춘 나라가 있는가 하면, 일당 독재로 아예 범법행위에 책임을 물을 수 없는 특권층이 존재하는 나라도 있다. 법제 따로, 운영 따로인 나라도 있다. 우리나라와 국경을 마주한 북쪽의 북한, 중국, 러시아 같은 나라들은 후자들의 나라다.

'눈에는 눈, 이에는 이'라는 함무라비법과는 3,773년이란 시간적 거리다. 티그리스, 유프라테스 유역의 메소포타미아 문명과 황하 유역의 황하 문명권이란 다른 문명발상지로서의 지리적 거리마저 있다.

 각 나라 법제의 진화는 시대와 지역을 불문하고 현재진행형이다, 순행과 역행을 거듭하면서. 문제는 특권층을 없애는 순행적 진화냐, 그 반대로 특권층을 만드는 역행적 진화냐에 있는 것이다.

 건국 칠십여 년의 우리네 사법 시스템은 어떤가. 공론 과정과 심의와 의결 과정이 정상적으로 작동되는 입법에다, 죄형법정주의에 의한 공정한 처벌이 이루어지는지 살펴볼 일이다. 문제는 법의 운영 시스템이다. 한쪽엔 눈을 부라리고, 다른 한쪽엔 눈을 감는 편파적 운영이 항상 문제였다. 법 앞에 모두가 공평하여야 한다. 법보다 운영시스템이 그래서 더욱 중요하다. 유권무죄有權無罪, 유전무죄有錢無罪라는 탈법 방지와 국민 보호가 사법의 목표이자 존재 이유여서다.

 정작 차등법을 '눈에는 눈, 이에는 이'라며 공정을 흉내 내는 함무라비가 발붙이지 못하게 하는 것이야말로 순행적 진화의 길임을 명심할 일이다.

- 《한국수필》 제1341호(2023. 7.)

위대한 역리逆理

　　　　마이아트뮤지엄 '샤갈 특별전'이 화제에 오른다. 지적 호기심이 일어난다. 귀가 솔깃해진다. 색채의 마술사니, 대표작이니 하다가 '값'으로 이어진다. 이야기는 '세계에서 가장 비싼 그림'으로 건너뛰었다.

　　세계에서 가장 비싼 그림은 2014년 카타르 왕족이 뉴욕 크리스티 경매에서 3억 달러(3,300억 원)에 사 간 폴 고갱의 「언제 결혼하니」였다. 5년 전까지였다. 그러다 2017년 뉴욕 크리스티 경매에서 사우디아라비아 왕세자로 알려진 이가 4억 5천만 달러(5,000억 원)에 레오나르도 다빈치의 「살바토르 문디」(세상의 구세주)를 매입함으로써 그 기록을 새로 세웠다.

　　레오나르도 다빈치의 「살바토르 문디」가 '세계에서 제일 비싼 그림'이라는 표현에는 제약이 따른다. 국가나 기관 또는 단체에서 보물로 보관하면서 팔지 않는 작품은 당연히 제외되어서다. 비근한 예로서 레오나르도 다빈치의「모나리자」가 그렇고, 같이 르네상스 3대 미술가로 꼽히는 미켈란젤로의「천지창조」, 라파엘로 산치오의「아테네학당」이 그렇다. 바티칸 시국이「천지창조」와「아테네학당」을 팔거나 파리 루브르 미술관이「모나리자」를 거래시장에 내놓지 않는 한 가격은 성립할 수 없다. 오로지 그 가치만 지니게 마련이다. 반 고흐가 20세기 파블로 피카소와 함께 미술시장에서 가장 높은 인기를 누리는 것도 수요를 뒷받침할 공급이 이뤄지기 때문일 터이다.

명화名畫를 얘기하면서 미켈란젤로와 라파엘로 산치오, 폴 고갱과 반 고흐 사이의 잊히지 않는 불편한 관계를 떠올린다. 이야기 말미마다 주머니 속의 송곳처럼 자꾸만 삐쳐 나와서다.

미켈란젤로가 라파엘로를 만난 것은 피렌체에서다. 자기보다 여덟 살이나 아래였다. 그는 화가이자 명망이 드높았던 조반니 산티의 아들로 조기교육과 그의 천재성으로 조형, 빛, 감정, 공간표현까지 섭렵한 '16세 대가'로 통했다. 자수성가한 자기와는 너무나 달랐다. 155cm 작은 키, 동료 문하생과의 논쟁 끝에 내려앉은 코뼈 등 자기비하에 젖었던 미켈란젤로에겐 건장한 꽃미남에다 인기를 독차지하는 라파엘로의 존재 자체가 심정적으로 불편했을 듯싶다.

결정적 사단은 1508년 율리우스 2세 교황에 의해서였다. 프레스코의 달인 스물다섯 살 청년 라파엘로에겐 작업 조건이 좋은 교황 집무실 서명의 방 벽화를 맡기고, 프레스코의 문외한 자기에겐 거꾸로 매달려 그려야 하는 시스티나 성당의 천장화를 맡겼기 때문이다. 천재적 조각가를 비전문 분야인 시스티나 성당의 천장화 작업에 묶어두려는 라파엘로의 동향인 베드로 성당 수석 건축사 브라만테의 음모라고 믿었다.

게다가 자신의 「천지창조」보다 두 해 가까이 미리 완성한 라파엘로의 「아테네학당」은 설상가상이었다. 등장인물을 그리면서 플라톤에 경쟁자 레오나르도 다빈치를 그려 넣고, 아리스토텔레스에 자신을 그려 넣어 의도적으로 조롱했다고 여겼다. 그것도 모자라 추남의 대명사 헤라클레이토스에까지 자신을 그려 넣은 것은 다분히 의도적으로 욕보인 것이라고 믿었다.

미켈란젤로와 라파엘로와의 악연은 미켈란젤로에 의한 일방적 압박에 기인한 것이었다. 「아테네학당」에 대한 혹평과 자신과 레오나르도 다빈치의 그림을 모방한 '촌뜨기 흉내쟁이'라고 비하하면서 자기와의 비교조차도 허용하지 않았다. 37세에 요절한 라파엘로를 향한 공격은 사후까지 이어졌다.

시스티나성당 20m 높이에 거꾸로 매달려 그리는 천장화 작업 조건과 500㎡ 넘는 면적의 상상을 초월하는 프레스코 작업량으로 미뤄볼 때 귀하게 자란 꽃미남 라파엘로가 부적격자였음은 불문가지다. 망치로 대리석을 두드리며 힘하고 어려운 작업을 훌륭하게 해온 미켈란젤로가 뽐힘은 너무나 상식적이다.

「아테네학당」 등장인물 모델 설정에 있어서 미켈란젤로에겐 레오나르도 다빈치가 경쟁자일지 모른다. 하지만 미켈란젤로보다 스물세 살이나 더 많은 대선배 레오나르도 다빈치가 플라톤의 모델로 적합하다고 판단함은 너무나 당연하다. 오히려 아리스토텔레스의 모델로 선정한 것도 라파엘로의 배려가 아닐 수 없다. 또 눈두덩이 움퍽한 추남 헤라클레이토스를 미켈란젤로가 자신을 그렸다고 오해한 것이리라.

라파엘로에 쏟아낸 '촌뜨기 흉내쟁이'라는 비하는 기존의 다른 것들을 융합해서 새로운 것을 창조하는, 바로 레오나르도 다빈치의 구도와 명암법, 미켈란젤로의 인물 묘사법, 베네치아 미술의 빛과 색채 효과를 모두 융합해서 그의 작품 안에 담아낸 것은 오히려 경이로움이다. 반론과 화해의 기회를 상실한 37세 요절이 안타깝다.

폴 고갱과 반 고흐는 둘 다 정상적인 화가 수업을 받지 못했다. 고갱은 도선사와 주식중개인을, 고흐는 책방 점원과 선교사를 거쳐 각기 늦깎이 미술에 입문하였다. 1887년 삼십 대였던 폴 고갱과 반 고흐는 파리의 한 화랑에서 만났다. 고흐와 미술상 그의 동생 테오는 고갱의 작품에 매혹되었고, 고갱은 고흐의 동생 태오에게 관심이 많앉다. 고갱과 고흐의 이해관계가 공동작업 합의에 이르게 하였고, 새로 그린 서로의 자화상을 교환하는 관계로 발전하였다. 이듬해 아를Arles의 노란 집에서 공동작업이 이뤄졌다. 고갱을 원장으로 하는 화가 공동체 구성이 고흐의 계획이었다. 하지만 강한 개성과 예술가 특유의 자존심은 두 달을 넘기지 못했다. 발작한 고흐가 자신의 귀를 자르는 불상사가 일어났다. 고갱은 타이티로, 고흐는 정신병원으로 갈라섰다.

고갱은 작품이 완성될 때마다 처분하여 해외 생활을 이어갔다. 반면에 작품이 팔리지 않은 고흐는 열등감과 동생 테오에 대한 죄책감으로 8백여 점의 유화와 7백여 점의 데생을 남긴 채 37세의 생을 스스로 마감하였다. 오늘날에 이르러 많이 팔았던 고갱의 작품은 귀하고, 아이러니하게 팔리지 않았던 고흐의 작품은 경매시장을 달구고 있다.

미켈란젤로와 라파엘로, 폴 고갱과 반 고흐가 각기 바티칸, 아를에서의 그들의 악연을 극복하기 위한 경쟁적 예술혼을 불태우지 않았다면, 과연 '다름'의 불후의 명작을 탄생시킬 수 있었을까. 아마도 그들의 회복될 수 없었던 악연이 작품마다 켜켜이 녹아있다고 여겨져서다. 악연이 인연을 뛰어넘는 위대한 역리逆理로.

— 《수필세계》 제71호(2022. 봄)

죽음과 문학

'현대소설의 창시자' 마르셀 프루스트, 그의 출생 150주년에 때맞춰 〈갇힌 여인〉 완역판(김희영 외국어대 교수)이 나왔다. 〈갇힌 여인〉은 프루스트의 연작소설 《잃어버린 시간을 찾아서》의 7편 중 제5편이다. 이를 계기로 《잃어버린 시간을 찾아서》가 일러주는 생과 사의 경계에서의 '죽음과 문학'이라는 존재의 메시지를 음미하게 된다.

프루스트 이전 17, 18세기의 소설들은 그 시대의 흐름과 그 안에 요동치는 인간의 삶을 그려냈다. 하지만 프루스트 소설은 전혀 달랐다. 인간 심리에 대한 통찰과 분석을 통한 무의지적 기억의 연주였다. 주인공 그 자신의 시선을 따라, 그 자신의 목소리로 시공을 넘어 자유로운 의식 세계를 그려냈다. 과거라는 시간에 묻혀 기억에서 사라져가는 삶의 소소한 부분과 일상에 대한 섬세한 통찰이었다.

잊은 것으로 알았던 시간을 되살려 제1편 〈스완네 집 쪽으로〉, 제2편 〈꽃피는 아가씨들 그늘에〉, 제3편 〈게르망트 쪽〉, 제4편 〈소돔과 고모라〉, 제5편 〈갇힌 여인〉, 제6편 〈사라진 알베르틴〉, 제7편 〈되찾은 시간〉에 이른다. 《잃어버린 시간을 찾아서》의 테마Thema는 시간이다. 사물과 같은 모든 존재는 시간에 의해 파괴되지만, 과거는 영원히 사라져 버리는 것이 아니라 우리의 의식 깊은 곳에 침전해 있다가 언제나 사물을 통해 되살아난다. 제7편 〈되찾은 시간〉에 이르러 영원불멸의 세계가 있음을 깨닫게 되고, 인간존재와 예술 가치를 밝히게 된다.

프루스트는 프랑스 파리의 라 퐁텐가 전형적인 상류층 가정에서 태어났다. 하지만, 병약하였다. 선천성 천식 때문에, 게다가 신경증적 증상과 소화 장애 등으로 바깥출입이 어려울 정도였다. 성마르고 예민한 환자로 어린 시절 대부분을 침대에서 보냈다. 서른두 살에 아버지를, 서른네 살에 어머니를 잃고 건강마저 잃어 요양원에 입원하기도 하였다. 서른아홉 살부터 두문불출 소설 쓰기에 몰입하여 14년에 걸쳐 제7편까지 완성하였다. 제1편부터 제4편까지는 생전에, 제5편부터 제7편까지는 사후 5년간에 이어서 출간되었다.

《잃어버린 시간을 찾아서》가 던지는 '죽음과 문학'이라는 제1차적인 존재의 메시지는 병마와의 사투 속에서 이뤄낸 과업에서 찾을 수 있다. 쉰한 살 유명을 달리할 때까지 관절염으로 목과 양손을 쓰지 못할 지경에도 쓰기와 퇴고에 매달리었다. 문학인으로서 죽는 순간까지 헌신한 그의 작품《잃어버린 시간을 찾아서》때문일 것이다. 하지만 그보다도 '죽음과 문학'이라는 실제적인 메시지는 유제프 차프스키의 『무너지지 않기 위하여』에서 찾는다.

제2차 세계대전 폴란드 전선에서 소련군에게 포로가 된 폴란드 장교들은 1939년 10월부터 하리코프 근교의 포로수용소에 수용됐다. 이듬해 그들은 몇 개의 무리로 나뉘어 다시 북쪽으로 이송되었다. 처음 4천 명이 카틴 숲의 대학살과 처형, 노역에 의한 죽음 등으로 점점 사라져 4백 명이 되었다. 그러다가 마지막의 그랴조베츠 수용소에 남은 숫자는 불과 79명이었다. 그들은 폭격으로 거의 폐허가 된 수도원 건물에 수용되어 배고픔과 혹한을 견뎌내며 계속 비참한 노동을 해야만 했다. 그들은 언제 죽을지 모르는, 도살을 앞둔 가축처럼 하루하루를 이어갔다.

미래를 빼앗긴 절망적인 상황에서 인간이고자, 무너지지 않고자 지적행위를 시도하였다. 서로에게 해주는 강의였다. 책도, 신문도, 어떠한 자료도 없이 수용소의 사전 검열을 받은 강의자료는 오직 기억의 산물이었다. 한 교수 출신은 책의 역사를, 다른 공대 교수 출신은 건축사를, 어느 신문사 편집장 출신은 여러 민족의 이주 역사를 맡았다. 그중에서 폴란드 귀족 출신으로 법학을 전공하고 파리에 유학하여 화가가 된 유제프 차프스키의 프루스트의《잃어버린 시간을 찾아서》강의가 중심이었다. 유제프 차프스키의 강의는 전쟁이 끝난 뒤 그 자리에 있었던 한 군의관의 노트로 세상에 전해졌다. 그들은 살아남았고 그 강의 기록은 유제프 차프스키의 감동적인 서문과 함께 책으로 출간되었다. 그것이 『무너지지 않기 위하여』이다. 『무너지지 않기 위하여』는《잃어버린 시간을 찾아서》가 생사의 경계에서 낳은 또 다른 한 편의 문학작품이다.

강제 노역에 지친 몸과 마음을 다잡고 듣는 강의는 죽음과 벌이는 전투였다. 내일 죽을지, 다음 주에 죽을지, 언제 죽을지 모르는 그들을 버티게 해준 것은 생리적 욕구 추구가 아니라, 인간이라는 사실을 느끼게 해주는 지적 행위였다. 죽음의 공포로부터 생존의 의지를 지켜나가기 위한 문학적 저항운동이었다.

마지막 시간을 앞둔 인간으로서, 가장 예민한 감각과 지성으로 써낸 프루스트의 정신적 소산물인 그의 문학을 알고 싶었을 것이다. 치열하게 정신을 깨워서 그들은 길고 긴 프루스트의《잃어버린 시간을 찾아서》에서 길을 찾고자 하였으리라. 그들은 시간으로 엮은 프루스트의 문학세계와 만날 수 있었다. 그들에게 유제프 차프스키의《잃어버린 시간을 찾아서》강의만큼 적합한 것은 없다고 여겨짐은 왜일까? 그것이 20세기 최고이자 최대의 소설로 일컬어진다거나, 현대소설의 태두로 추앙을 받는 프루스트의 작품이기에 앞서서, 대작을 통하여 밝힌 인간존재와 예술 가치의 체화에 있다고 여겨져서다.

  빅터 프랭클은 『죽음의 수용소에서』에서 "히틀러 수용소에서 마지막까지 살아남은 사람은 체력이 좋았던 사람도 아니고, 지능이 뛰어난 사람도 아니다. 그리고 요령과 수단이 탁월한 사람도 아니었다. 고난 중에서도 삶의 의미를 깨닫고, 고난의 나날을 긍정적으로 받아들인 사람들이었다."라고 밝혔다.

  차프스키는 『무너지지 않기 위하여』 서문에서 수용소의 강의를 "그 시간들은 지금까지 내 생애에서 가장 행복했던 순간이었다."라고 회고한다. 행복으로 기억하는 것은 죽음까지 이겨내는 문학 공부가 있었기 때문일 터다.

-《죽순》제55호(2021.)

공성전攻城戰 유감

　　　　　　내성, 중성, 외성으로 축조된 3중 포곡식 가산 산성을 오르면서 공성전을 생각한다. 공성전은 청야입보淸野入保 전법이다. 청야입보는 적이 침입하면 모든 식량을 없애거나 주변을 깨끗이 청소한 후 들어와 성문을 걸어 잠그는 것이다. 공성전의 승패는 성을 지키는 병력 못지않게 성의 구조와 견고성에 있다. 공성전은 열려는 공격과 막으려는 수비의 충돌이자 단기전과 장기전의 승부다. 생각의 비약은 이내 로마 전쟁사에서 성이 열려 나라가 패망한 두 개의 최후의 공성전으로 이어진다. 그 하나는 카르타고 공성전이고, 다른 하나는 이스라엘의 마사다 요새 공성전이다.

　　카르타고 성벽은 세상에서 가장 강고하고, 거대할 뿐만 아니라 치밀하여 난공불락의 완벽한 성이었다. 지하엔 수로가 바둑판처럼 건설되어 있었고, 로마군이 포위하더라도 10년 먹을 물과 곡식이 준비되었다고 전해진 성채라. 로마가 해양으로 세력을 넓히면서 지중해의 요충지인 시칠리아를 두고 패권을 다투던 카르타고와 기원전 264년부터 기원전 146년까지 1차 23년, 2차 18년, 3차 3년, 이렇게 포에니 전쟁으로 불리는 44년의 전쟁을 하였다. 제1차전과 제2차전을 버겁게 이긴 로마가 카르타고의 국력, 병력 신장을 그냥 놔두지 않았다. 제3차전은 기원전 149년 로마가 도저히 이행할 수 없는 조건으로 카르타고를 압박하고, 이 요구를 묵살하면서 일어난 전쟁이다. 이것이 카르타고 공성전이다.

카르타고는 스키피오 아이밀리아누스 장군이 이끄는 로마군의 2년에 걸친 공격을 막아냈다. 공성전이 막바지에 이르렀을 즈음 변절자가 나타났다. 카르타고 원로원 위원인 아스틸락스였다. 그가 성벽 도면과 지하수 수로 도면들을 훔쳐 로마로 도망가서 로마 원로원에 팔아넘긴 것이다. 6만 명의 로마군과 함께 카르타고에 와서 성벽의 약한 부분, 샛길, 지하 수로의 출입구 등을 낱낱이 알려 주었다. 어떻게 수성이 되었겠는가. 로마군은 카르타고 성을 함락하고 카르타고 병사는 물론 백성까지 모조리 도륙하였다.

이스라엘 마사다 요새는 예루살렘 남쪽 100km 정도 떨어진 사해 부근 광야에 우뚝 솟은 바위산이다. 사방이 절벽인 해발 434m 정상에 남북 650m, 동서 300m 정도인 6만 평 크기다. 헤롯 대왕이 기원전 37년부터 6년이나 걸려 완공한 성채다. 거대한 물 창고와 호화판 목욕탕을 비롯한 각종 시설은 지금도 놀라울 수준이다. 기원전 66년 로마의 침략으로 기원전 64년부터 로마의 지배를 받으면서 독립 전쟁을 하였지만 1백여만 명이 학살당하고 예루살렘은 폐허가 되었다. 끝까지 저항했던 유대인 열심당원들이 로마군에게 쫓겨 최후의 결전장이 된 곳이 마사다 요새다.

로마 실바 장군이 포로가 포함된 1만 5천 명의 병력으로 마사다 요새를 포위하여 공격했으나 난공불락의 요새는 열리지 않았다. 절벽 높이가 제일 낮은 서편 쪽에다 유대인 포로를 동원하여 '로마의 램프Roman Ramp'라는 인공 언덕을 축조한 후 이동식 타워를 앞세우고, 뾰족한 원목으로 성벽에 구멍을 뚫었다. 목재와 흙으로 수성하려 했던 저항군은 압도적인 로마의 병력을 당할 수 없었다. 성은 로마군에 함락되었다. "살아서 노예가 되느니 차라리 죽어서 자유인이 됩시다."라는 요새 지휘관 엘리자르 벤 야이르의 최후 연설을 끝으로 항복 대신 전원(960명) 자결로 대응했다. 로마군은 승리의 기쁨보다 장렬한 최후를 먼저 만나게 되었다.

카르타고는 로마보다 일찍 건국되었고 정치, 경제, 군사, 문화, 예술 등 모든 분야에서 로마와 자웅을 겨뤄왔다. 하지만 자국민, 그것

3부 트로이 목마_137

도 정치인 한 명의 배신으로 나라는 지구상에서 사라지고, 카르타고 인들은 어디에서도 볼 수 없이 멸종되었다.

이스라엘은 대 로마 3년 항쟁의 마지막을 마사다 요새에서 항복 대신 자결로 끝냈다. 그날이 73년 4월 16일이니 유대인은 2천 년 가까이 나라 없는 민족, 유랑하는 민족으로 살았다. 나치에 의해 6백만 명이 넘게 집단 학살을 당하였고, 지금도 8백만 명 본국의 인구만큼 해외 여기저기에 흩어져 살고 있다.

등산길의 가산산성을 보면서 정치인 하나가 들어 나라를 패망시키고 민족을 멸절시킨 카타르고 공성전, 장렬한 최후로 신념을 보여줬지만 2천 년 가까이 나라 없는 유랑 민족이 된 마사다 요새 공성전을 떠올리는 것은 왜일까. 교전을 중지한 정전 상태에서 싸우면서 이룩한 세계 10대 경제 대국의 설계도를 적에게 넘기고, 나라의 성벽을 안에서 허무는 간자들이 암중비약하기 때문일 듯싶다.

- 《한국문인》 제141호(2023. 8·9.)

카이사르의 명언 조명

　　시공으로 까마득하게 여겨왔던 로마 이야기가 점점 가까이 다가왔다. 1992년부터 2008년까지 15권 시리즈로 내놓은 시오노 나나미의 《로마인 이야기》가 이웃 나라 이야기처럼 들렸다. 게다가 2016년부터 넷플릭스가 인터넷 영화 3부작 15편짜리 《로마제국》 시리즈를 서비스하면서 아주 가까운 이야기처럼 느껴졌다.

　　시오노 나나미의 《로마인 이야기》는 교양서와 소설의 중간쯤으로 소설적 구성과 창작을 가미하였다. 게다가 번역자(김석희)가 원본에 파격적 조직을 추가한 초월 번역으로 재미를 충전한 작품이다. 우리나라에서 베스트셀러 반열에 올랐다. 《로마인 이야기》와 달리 넷플릭스 《로마제국》은 역사가들의 학술적 고증과 감수를 받은 다

큐멘터리다.

　《로마인 이야기》에도,《로마제국》에도 가장 두드러진 인물은 단연 카이사르다.《로마인 이야기》시리즈 15권 중 4, 5권을 카이사르가 몽땅 차지하고 있고,《로마제국》의 3부 중 제2부(5편)가 카이사르 이야기다. 그의 역사적 현장에서 남긴 말마디들이 2천여 년을 관통하는 명언이 되어 지구촌의 인구에 회자되고 있다. 역사 안에 하나의 명언을 남기기도 어려울 터이건만 놀랍게도 시리즈로 남겨 놓았다.

〈첫 번째 명언〉
　카이사르가 열아홉 살 때, 집정관을 7차례나 역임한 고모부 가이우스 마리우스가 그의 부관 술라에게 멸문지화를 당한다. 와신상담 카이사르는 술라가 사망하자 마리우스 후계자를 자처하며 정계에 뛰어든다. 41세에 집정관 선거에 도전한다. 최고 갑부 크라수스의 도움을 받고, 자기보다 여섯 살 많은 실력가 폼페이우스에게 17살 딸 율리아를 시집보내 동맹을 맺어 집정관에 오른다. 크라수스, 폼페이우스와 더불어 삼두정치를 한다. 1년 만에 동맹이 깨진다. 두 사람이 카이사르의 연임에 제동을 걸었다. 힘지 갈리아 총독으로 하방되어 로마와 격리되어 지내야만 했다. 하지만 매년 갈리아의 치적을 기록한《갈리아 전기》를 로마에서 출판해 로마 시민의 전폭적 지지를 받는다. 7년 걸려 갈리아를 평정하는 대업을 완수한다. 그즈음에 딸 율리아가 출산 중에 사망하자 폼페이우스는 카이사르와 대척점에 서 있던 원로원 실세 메텔루스 스키피오의 딸과 재혼하고, 폼페이우스를 견제해 줄 크라수스마저 파르티아 전쟁 중 사망하는 등 고립무원의 처지가 된다.

  카이사르가 총독 임기를 마치자 군대를 해산시키고 로마로 입성하라는 명령을 받는다. 명령을 따른다는 것은 죽으러 가는 자살행위와 진배없다. 카이사르는 BC 49년 1월 12일 루비콘강에 도열한 4천오백여 명 휘하 장졸 앞에서 선언한다. 비장한 외마디다. "주사위는 던져졌다Alea iacta est."

〈두 번째 명언〉

  카이사르는 1천 명도 안 되는 병력을 대동하고 로마로 진군한다. 그러면서 다른 병력엔 폼페이우스의 고향과 주변 도시 함락을 명령한다. 2만 명에 이르는 폼페이우스 병력은 허를 찔려 모병에 실패하여 도망자 처지가 된다. 폼페이우스는 그리스 파르살루스 전투에서 카이사르에게 대패하고 이집트로 도주한다. 카이사르는 주인 없는 로마 집정관을 접수한다. 이집트 공동통치자 클레오파트라 7세의 남동생이자 남편인 프톨레마이우스 13세는 클레오파트라와 연합하지 못하도록 도망자 폼페이우스를 살해한다. 카이사르는 로마 집정관으로서 클레오파트라와 연합하고, 폼페이우스 살해 책임을 물어 프톨레마이우스를 축출한다. 이후 연인으로 맺어진 클레오파트라에게 이집트 통치권을 선물한다. 소아시아, 그리스, 스페인 일부 지역에 출몰한 폼페이우스 잔여 세력을 소탕하고 로마로 들어간다. 카이사르가 소아시아 젤라 전투에서 승리한 후 원로원에 보낸 전문이다. "왔노라, 보았노라, 이겼노라VENI, VIDI, VICI."

〈세 번째 명언〉

카이사르는 10년 동안 32만 제곱미터에 이르도록 영토를 확장한다. 원로원은 10년의 독재관으로 임명한다. 카이사르에겐 누구도 대적할 수 없다. 카이사르는 종신 독재관으로 셀프 임명한다. 자신을 신격화하는 신전 '바실리카 율리아'를 착공하기까지 이르렀다. 클레오파트라가 카이사르와의 사이에서 태어난 카이사리온을 데리고 개선장군처럼 로마를 찾은 것, 카이사르의 아들이 이집트 왕위 계승자라는 것, 간질 증상으로 나타난 카이사르의 건강 이상 등이 독재의 여론에 더하여 복합적인 정국 불안으로 이어진다. 이를 타개하고자 파르티아 정복 전쟁을 추진하지만 반대 세력으로부터 전쟁중독자로 여론몰이 당한다. 카이사르는 멈추지 않는다. '독재 타도, 공화정 수호' 기치 아래 반대파의 집단적 거사로 이어진다. 파르티아로 떠나기 직전 그는 원로원 회의장에서 반대파에게 23번이나 난자당한다. 처참하게 죽음을 맞이한 카이사르가 가장 친한 친구 브루투스까지 참여한 것을 보고 내뱉은 말이다. "브루투스 너마저Et tu Brute."

첫 번째 "주사위는 던져졌다."라는 명언은 죽음 아니면 반란이라는 운명을 건 선택의 순간에 카이사르가 장졸들에게 선언한 결전의 말이다. 어쩔 수 없는 선택의 기로에서 각오를 다지면서 인용하는 명언이다. 같은 뜻 다른 명언 "루비콘강을 건넜다Pass the Rubicon."는 상황을 중심으로 표현한 말이다. 돌이킬 수 없는 전환점, 다시 돌아올 수 없는 길을 의미하는 인용구다. 두 번째 "왔노라, 보았노라, 이겼노라."라는 명언은 완벽한 승리에서 뽐낼 수 있는 카이사르의 오만이다. 완벽한 승리에서 인용되는 명언이다. 세 번째 "브루투스 너마저."라는 명언은 카이사르가 집단 난자를 당하면서 가장 믿었던 친구 브루투스까지 가담한 것을 보고 내뱉은 절규다. 철석같이 믿었던 당사자에게 배신당했을 때 사용하는 대표적 명언이다. 세상엔 얼마나 많은 또 다른 브루투스가 살아왔겠는가.

카이사르가 운명이 걸린 도전에서, 완벽한 승리에서, 처절한 파멸에서 남긴 말마디가 역사가 되고 명언이 되었다. 카이사르는 철두철미하게 정점의 자리에 올랐지만, 그의 독선과 오만이 들어 파멸의 길로 빠져들게 하였다. 자업자득과 인과응보의 현묘한 이치는 동서고금 현재진행형이다. 줄임말로 '카망카'다. '카이사르를 망친 자는 카이사르다.' 그렇다. '나를 망치는 나다.'라는 '나망나'를 되짚어보게 한다. 누구나 스스로 짓는 생각과 말과 행위의 업과로 나를 망쳐서다.

-《경북문단》제43호(2023. 후)

공자를 통해서 보다

　　　　　　황궐皇闕이 아닌 황궐, 공자의 집 공묘孔廟엔 군화 소리 짙다. 이천여 년 지성至聖이 '반동 지배계급' '노예제도 옹호'라는 저급한 죄목으로 핏발선 홍위병들의 철퇴에 내려앉았다. 1966년 11월 28일이었다.

　언론의 선동을 받은 홍위병 1만여 명이 쳐들어와서 곡부의 공묘, 공부, 공림을 닥치는 대로 무자비하게 때려 부수었다. 공자의 무덤을 파헤쳐 훼손하고, 공자묘孔子廟 대성전 현판을 불태우고, 공자상像을 밧줄로 묶어 마을로 끌고 다녔다.

　한자문화권 일본, 베트남이 공자의 예교禮敎가 국가 발전에 지장이 많다는 이유로 먼저 죽였다. 공자의 나라 중국마저도 이처럼 처참하게 죽여 버렸다. '공자를 죽여야 나라가 산다.' '공자를 살려야 나라가 산다.' 하면서 논쟁을 벌여왔던 한국인들만 공묘 앞에 늘비하게 줄을 섰다. 한국의 향교에서 찾아와 연중 석전제釋奠祭를 올리고, 현지 중국인들이 구경꾼이 되는 현실 앞에 판단마저도 헷갈렸다.

공자를 박해하고 죽였던 그들이 2008년 베이징 올림픽을 계기로 공자를 되살리고자 애쓰고 있으니 아이러니하다. 죽이기는 쉬워도 살리기는 어렵다. 공자를 죽였다가 다시 살리려는 그들의 노력은 과업이 아니라 업보다. 죽인 지 반세기도 안 된 그들이 훼손했던 곡부의 유적을 땜질하고, 색칠하고, 고치고 있다. 공자공적비를 일으켜 세워놓았건만 동강 난 비석 조각은 고개 좌우로 흔들고, 울퉁불퉁 땜질 시멘트는 실룩거리며 웃는다. 수술 병동에 든 공묘, 죽이느냐 살리느냐 보는 이 생각마저 버겁다.

황하 문명은 이집트 문명, 메소포타미아 문명, 인더스 문명과 더불어 세계 4대 문명 발상지다. 이 가운데 황하 유역의 한족漢族인 중국만이 오천 년 이상 이어 오면서 세상의 중심으로 살아왔다. 난징조약, 일본의 침략과 난징대학살 등 서구열강의 침탈에다 메이지유신 이후 열강으로 성장한 일본에 대한 열패감과 중화사상에 도취해 살아왔던 중국인들의 자괴감이 유학儒學이라는 기존 문화와 그 시조인 공자에 대한 공격으로 이어진 것이다. 거창한 문화혁명이라는 이름으로.

중국의 역사를 들여다보노라면 놀라운 사실에 이른다. 역사 안의 많고 많은 제국 가운데 이처럼 절멸되지 않고 이어진 제국은 없다. 북쪽의 여진족 거란족 흉노족, 동쪽의 동이족, 남쪽의 장족과 묘족의 침입에도 한족의 고유 문자漢字와 언어를 지키며 오늘의 G-2에 이르기까지 반석같이 지켜오고 있다.

로마 제국, 몽골제국, 대영제국, 독일제국 등 많은 제국이 군대를 파견하고 물산을 착취하는 수준의 통치였다면, 한족의 중국은 그렇지 않았다. 무력 점령에 그치지 않고 인민의 이주와 경제력 장악, 한자 문화화를 통한 문화 점령이 특징이다.

이러한 중국의 변방 한반도에서 오천 년 역사를 통해서 얼마나 많은 피침을 당해 왔겠는가. 그러면서도 나라를 온전히 지켜 온 우리 선조들이 참 대단하다고 여겨짐은 왜일까? 어떠한 고난이 있어도 국체와 민족의 정체성identity을 면면히 지켜왔다는 사실 때문이리라.

십여 년 전 대마도 역사 문화 탐방 때 대마역사민속자료관에 들어갔더니 들머리에 조선 국왕 명종의 귀화 대마도인 평창진에게 내린 '절충장군 첨지중추부사折中將軍 僉知中樞府事'라는 교지敎旨가 걸려 있었다. 안내원의 설명이 뒤따랐다. "조선 국왕의 수직 대마도인에게 내린 교지는 분명 내보이고 싶지 않은 그들의 속살이다. 하지만 내

밀히 감추고 싶은 것을 전시한 그들의 속내가 '가정嘉靖'이란 명나라의 연호에 있다."라고 하였다. 오천 년을 중국의 속국으로 살아왔으면서 일본 식민지 36년이 뭐 그리 대수냐는 뜻을 내보이고 있다고. 그들의 간교함에 아연실색하였다. 하지만 중국과 일본에 대한 다른 평가 기준과 잣대에는 사대의 DNA여서인가 따지는 것조차 회피하였다.

한중수교 후 30년은 갑과 을이 뒤바뀐 시기였다. 오천 년 역사에서 어깨에 힘이 들어갔던 반짝 기간이었다. 혁명한다면서 공자를 죽였던 그들이 개혁 개방과 시장경제를 도입하면서부터 고속 성장을 거듭해 왔다. 힘이 생긴 그들의 경제 침탈과 문화 점령이 'G-2'라는 이름으로 자행되고 있다. 무력 점령, 집단 이주와 경제력 장악, 한자 문명권으로 흡수라는 그들의 비책을 경계해야 함은 엄중한 역사의 교훈이다. 만주를 손아귀에 넣는 동북공정, 위구르를 흡수한 서부공정, 티베트를 삼킨 서남공정이 생생한 교육의 현장이다.

작금에 전국 각지에 우후죽순처럼 생겨나는 공자학원과 차이나타운은 우리의 계획인가, 그들의 비책인가.

-《영남문학》제34호(2020. 여름)

사랑의 헌시, 신곡神曲

성자의 추도식 날에 아름다운 아가씨들이/ 바로 내 곁을 스쳐 지나갔습니다// 맨 처음 아가씨가 내 옆을 지나갈 때/ 사랑은 우리를 마주 보게 하였답니다// 타오르는 불꽃의 정령인 양/ 내 마음엔 뜨거운 불길이 타올라/ 천사의 모습을 바라보는 듯했습니다// 그 해맑고 순한 아가씨의 눈에서/ 넘쳐 흐르는 아름다운 사랑의 밀어를/ 보고 깨닫는 사람의 마음속엔/ 무한대의 행복이 넘치게 마련입니다// 우리에게 행복을 주기 위해/ 아아,/ 아름다운 아가씨는 천국에서 살다가/ 이 지상에 온 것이라 생각될 만큼/ 나는 그녀를/ 보기만 해도 행복하였습니다

이 시는 단테의 「아름다운 아가씨들이」이다. 이 시작에는 깊은 내력이 있다. 단테가 아홉 살 때 한 살 아래 피렌체의 귀족 폴코 포르티

나리의 딸인 베아트리체 포르티나리를 만나 운명적 사랑을 느낀다. 그로부터 9년 뒤, 우연히 꿈에도 그리던 그녀를 길에서 다시 만나 그녀의 정중한 인사를 받고 황홀경에 빠진다. 「아름다운 아가씨들이」는 그녀를 향한 단테의 끝없는 사랑의 서정이다.

그녀는 시모네 디 발디와 결혼하였으나 불행하게도 24세 꽃다운 나이에 생을 마감하였다. 단테는 56년 인생에서 그녀가 죽기 전 16년, 죽은 후 31년, 이렇게 모두 47년 동안 숙명적 사랑을 하였다. 평생 베아트리체를 연모했던 단테를 지켜본 그의 아내가 "만약 그녀와 맺어졌으면 평생 그렇게나 그리워하지 않았을 것이다."라고 하였다니 어느 정도였는지 일정 부분 짐작이 간다.

단테는 호메로스, 셰익스피어, 괴테와 더불어 세계 4대 시성으로 꼽히는 시인이다. 시성 단테의 사랑에 대한 시적 감성이 아홉 살 어린 나이에 운명적 사랑을 느끼게 하였던가. 얼마나 그녀를 그리워했으면 9년 뒤의 재회에서 '타오르는 불꽃의 정령인 양 뜨거운 불길이 타오른다'라고 했을까. 그녀가 요절한 후에도 그가 생을 다할 때까지의 31년간의 사랑은 『신곡』으로 이어졌다.

『신곡』은 단테의 마지막 작품이자 대표작이다. 『신곡』은 영원의 세계(지옥, 연옥, 천국)로의 단테 여행기다. 『신곡』의 목표는 중세의 세계관인 기독교 이념을 설파하여 구원의 길로 인도하고자 하는 데에 있었으며, 『신곡』은 구원의 길로의 계도적 실천서다.

단테는 문학을 시작으로 학문, 정치, 참전, 행정, 외교로 이어지는 맡은 바의 수완과 실력을 보였지만, 피렌체의 정치적 현실에서 실패하여 1302년 망명길에 올라야만 했다. 1304년경부터 신곡을 구상하여 1312년경까지 '지옥편'과 '연옥편'을 집필하고, 죽기 전에 '천국편'을 마무리하였다. 세 편은 서장과 각각 33장으로 100개의 장을 이루며, 장마다 140행 전후로 전체 14,233행의 치밀한 구조의 극시다.

단테에겐 두 사람의 길라잡이가 있었다. 한 사람은 운명적 연인 베아트리체이고, 다른 한 사람은 학자와 작가로 존경했던 베르길리우스였다. 단테는 베르길리우스의 안내로 영원의 세계를 순례하게 된다. 태만, 애욕, 탐식, 인색, 낭비, 분노, 교만, 폭력, 기만이란 아홉 개의 구역으로 이루어져 죄질에 따라 나뉘어 벌을 받는 지옥을 둘러본다. 교만, 질투, 분노, 나태, 탐욕, 탐식, 방탕이란 7개 정화의 구역으로 된, 필멸에서 불멸의 존재로 거듭나는 인간의 의지와 하느님의 섭리가 만나는 연옥을 둘러본다. 천국에 올라 베아트리체를 만나 안내를 받으며, 월천, 수성천, 금성천, 태양천, 화성천, 목성천, 토성천, 항성천, 원동천이란 9개의 천구 위에 하느님이 계시고, 그 곁에 모든 영혼이 평화롭게 머무는 천국의 모습을 확인하였다. 단테의 지옥, 연옥, 천국의 순례는 하느님의 섭리와 기획을 알기 위한 모색이었고, 인간으로서의 기쁨과 위안을 찾는 여정이었다.

『신곡』에서 단테는 31년 전에 세상을 뜬 베아트리체를 천국에서 만나고, 그녀의 안내를 받는다. "기억을 온전히 보존하여 여행 중에 본 것을 잘 기록하여 세상에 전하라."라는 베아트리체의 당부를 받는다.

이같이 단테가 죽음에 이르면서 평생의 대작 『신곡』의 '천국편'에다 베아트리체를 올리고, 베아트리체의 안내를 받게 하고, 심판을 받아야 하는 내세의 증인으로 자신을 세우게 하였다. 베아트리체에게 구원의 역할을 부여하였다.

이 얼마나 놀라운 사랑의 설정인가. 『신곡』은 영원한 사랑 베아트리체를 위한 사랑의 헌시다. 단테가 아니면 그 누구도 행할 수 없는 사랑의 예술이다.

－《문학춘추》 제125호(2023. 겨울)

4
살맛

결혼 인턴
살맛
장이야! 멍이야!
문명의 충돌
민망한 전화위복
육신사에서
베아트리체 첸치를 만나다
멀티플레이어 헐버트
동명이찰同名異刹 법주사法住寺
화양구곡에서 화양연화를 보다

결혼 인턴

　　　　　　　　결혼에도 정규직만 있는 게 아니라 인턴도 있다. '결혼 인턴제'가 청년 사회에 대두된 새로운 이슈다. 공영텔레비전 방송이 드라마로, 기획물로 불을 지펴서 이슈는 더욱 뜨겁다. 젊은이들의 과반수 이상이 찬성한다니 금단의 키워드처럼 드러내기 어려운 속내였던 모양이다. 결혼 인턴이라는 것이 결혼 후 일정 기간 실험 부부로 살아보겠다는 것과 다름없는 것임에도.

　일단 혼전 부부 인턴은 성 개방이라는 윤리적 문제에서 자유롭지 못한 탓으로 인해 논점에서 벗어나 있다. 결혼 인턴은 결혼식을 치르고 신혼생활을 하지만 혼인신고를 하지 않고 일정 기간 부부가 인턴으로 살아보고, 평가한 후, 그 결과에 따라 법적 부부가 될지 말지 선택하자는 논리이다. 부득이 이혼하더라도 법적 공부가 깨끗한 처녀, 총각이고자 하는 법적 미혼, 사실혼 관계로의 선택이다. 법정 부부가 협의이혼을 해도 자녀가 있는 경우 3개월, 자녀가 없는 경우 1개월의 숙려기간이 주어진다. 이처럼 법정 부부가 되는 혼인신고도 결혼 인턴제에 의한 숙려기간을 두는 것이 더 합리적일 것이라고 여기는 듯싶다.

결혼 인턴제를 수면 위로 끌어올린 해당 드라마나 기획물을 대하면서, 시대 흐름에 따라 달라진 애정관, 결혼관의 문제라고 여겼었다. 그러면서도 불편한 심기는 어쩔 수 없었다. 결혼은 연애의 골인점이 아니라 부부 사랑의 출발점이라는 생각 때문이어서다. 진정한 사랑이 아닌 그냥 좋아하는 사람끼리 성적으로 결합하여 새 가정을 이루면 된다는 애정관, 결혼관 말이다.

오늘날을 살아가는 대다수가 믿고 있는 '사랑은 즐거운 감정'이라는 그릇된 인식은, 사랑의 문제를 '어떻게 사랑할 것인가?'라는 능동태의 문제가 아닌, '어떻게 하면 사랑을 받을 수 있는가?', 또는 '어떻게 하면 사랑스러워질 수 있는가?'라는 수동태의 문제로 여기는 데에 있다. 여자들은 몸을 가꾸고 치장하고 매력을 갖추고자 애쓰고, 남자들은 자신의 지위를 높이고 권력을 잡고 재력을 키워나간다. 그래서 사랑스럽다는 말의 형상은 인기와 성적 매력의 복합적 이미지다.

'사랑은 눈물의 씨앗'이라는 노랫말처럼 사랑은 기쁨보다 아픔이 더 일반적인 현상이다. 실제로 대부분 사랑의 노정에 우여곡절이 끼어든다. 첫사랑이 결혼에 이르기 어렵다는 것은 상식에 속한다. 대체로 남자는 자기가 좋아하는 사람을 선택하고, 여자는 자기를 사랑해 주는 사람을 선택한다. 이러한 남녀의 선택 잣대에도 불구하고 내가 좋아하는 사람이 똑같이 날 좋아하는 경우는 어느 해 최고의 드라마 명대사처럼 기적에 가깝다.

사랑은 양쪽의 몸과 마음이 하나가 되어 완전한 일치에 이르는 행복한 과정이다. 그래서 사랑은 인류의 역사 안에 과거 현재 미래로 이어지는 영원한 현재진행형 꿈꾸기이다. 파리 루브르 미술관에 전시된 수십만 작품 가운데에서도 성애와 미의 여신 〈밀로의 비너스〉, 사랑의 신 에로스와 프시케의 사랑 〈에로스와 프시케〉, 승리의 여신 〈사모트라케의 니케〉가 그래서 관람객들의 발걸음을 묶어놓는 모양이다. 작품의 주제인 미와 사랑이 인간의 갈망과 맞닿아 있기 때문이다. 사랑이야말로 신이 인간에게 준 최고의 선물임이 틀림없으리라.

최고의 선물을 누리는 사랑의 결합이건만, 결혼에 임하는 신랑 신부의 서로에 대한 기대와 사랑의 크기와 방식은 모두 다르다. 뜨거운 사랑인가 하면 안정과 여유이고, 절실한 소망인가 하면 형식적 절차이고, 도전의 기회인가 하면 생활의 도피처일 수도 있다. 부부 사랑에 대한 양쪽의 다름은 상대방에 대한 사랑의 문제를 일으키기 십상이다.

에리히 프롬은 『사랑의 기술』에서 '사랑은 기술인가?'라는 물음에 '그렇다.'라고 답한다. 기술이면 반드시 연습해야 하고, 지속적 연마 노력이 필요하다. 사랑에 대한 올바른 인식과 태도는, 사랑이야말로 많은 노력과 투자를 쌓아 온몸으로 습득하여 정진하는 기술이란 점이다. 톨스토이는 '사랑은 아낌없이 주는 것'이라 했다. 스탕달은 '사랑에는 한 가지 법칙밖에 없다. 그것은 사랑하는 사람을 행복하게 해 주는 것'이라고 했다. 이처럼 부부 사랑은 상대방이 행복하도록 아낌없이 주는 것이다. 사랑은 느낌이라는 순간적 감성이 아니라 잘 사랑하겠다는 지속적인 이성이다.

결혼식이 상대방이 행복하도록 아낌없이 다 주겠다는 '다짐의 의식'이라고 볼 때, 자기라는 일방의 의무가 아닌 상대방의 귀책으로 책임을 묻는 결혼 인턴제는 순수하지 못하다. 인턴 기간의 평가란 것이 무엇에 대한 평가인가. 뿌리 깊은 사랑을 갈구하면서도 사랑에 대한 노력보다 사랑 이외의 성공, 돈, 권력, 위신, 체면 등과 같은 일을 더 중요하게 여기는 데 대한 평가이다.

부부 사랑은 사랑 갈등 이별의 순이 아니라, 사랑과 갈등과 극복의 순환이기 때문이다.

- 《리더스에세이》 제19호(2021. 신년)

살맛

"살맛 나지?"
"살맛 날 일 뭐 있나?"

"사람이 무슨 맛으로 살까?"
"~~ ~~ ~~ ~~ ~~"
"그거야 알아주는 맛에 살지."

언젠가 일여덟 명이 모인 자리에서 인사말 끝에 이어졌던 대화다. 누군가로부터 '살맛'이란 명제가 던져졌다. 권력, 돈, 애인, 친구, 시간, 건강 등 갑론을박 끝에 나온 "그거야 알아주는 맛에 살지."라는 이 한마디가 분위기를 제압했다.

그렇다. 인간의 삶은 온통 인정투쟁의 연속이라 할 만하다. 모두가 자기를 알아 달라고 야단이다. 다른 사람들이 인정해 주는 맛에 산다고 해도 과언이 아니다. 심지어 자기를 알아주는 사람에게는 기꺼이 자기를 내놓기도 한다. 정보화 사회를 살면서부터 오프라인 못잖게 온라인 SNS는 인정욕구를 갈구하는 사람들의 '인정투쟁의 장'이라 할만하다.

미국의 철학자이자 심리학자인 윌리엄 제임스는 "인간의 행동을 지배하는 가장 기본적인 원리는 다른 사람의 인정에 대한 갈구"라고 설파했고, 미국의 정치철학자 프랜시스 후쿠야마는 인간의 본성은 남들에게 인정받기를 원하는 '타인지향형'이라고 지적했다. 게다가 매슬로우가 인간의 동기를 피라미드형 5단계로 설파한 욕구 5단계에 있어서 4단계 이상의 존경의 욕구와 자아실현의 욕구도 타인으로부터 인정받기다.

누구나 자기가 어떤 인간인지, 얼마나 훌륭한 인물인지 스스로는 알 수 없다. 나의 존재가치는 나에 대한 다른 이들의 평가를 통해서 비로소 드러난다. 이 때문에 타인들의 평가에 목을 맨다는 것이다.

문제는 인정투쟁이다. 인정투쟁이 유발하는 불안한 삶을 뒤집어서 표현한 것이 바로 "살맛 나지 않는다."이다. 인정투쟁에서의 갈등, 애로, 소외는 불안의 영역으로 밀어 넣는다. 스위스 출신 철학자 알랭 드 보통은 『불안』에서 현대인이 겪는 불안의 원인을 '사랑 결핍', '속물근성', '기대', '능력주의', '불확실성'으로 꼽으면서 불안의 해법으로는 '철학', '예술', '정치', '기독교', '보헤미아'로 풀어내고 있다.

불안의 원인에서 '사랑 결핍'은 돈, 명성, 영향력 같은 것들이 없어서 느끼는 불안, '속물근성'은 일정한 지위를 얻지 못할 때 느끼는 불안, '기대'는 사회적 기대를 충족시키지 못할 때 느껴지는 불안, '능력주의'는 자신 능력과 동일시되는 사회에서 가난에 대한 불안, '불확실성'은 불확실해서 느끼는 불안을 의미한다. 불안의 해법으로 '철학'은 주체적인 역할을 하면 다른 사람의 시선 같은 것은 중요하지 않으며 스스로의 내면이 중요하다고 다독여 주는 역할을 하고, '예술'은 삶의 비평을 통해 실패에 대해 위로하기도 하고, 또 갖고 있던 속물적인 생각을 역전시키기도 하며, '정치'는 이상적인 기준을 바꾸는 역할을 할 수 있으며, '기독교'는 종교 전체를 일컫는 말로 지금 갖지 못한 것을 사후세계에는 가질 수도 있을 것이라는 믿음을 주며, '보헤미아'는 집단에서 벗어나 개인에 집중함으로써 집단의 일정 기준에 못 미칠 때 나오는 불안을 근본부터 없앤다는 의미다.

인정받기에서 불안은 소유하지 못한 데에 있고, 설사 남들만큼 소유하고 있더라도 언제든지 잃을 수 있다는 데에 있다. 다른 사람과의 비교에 의한 상대적 열등감이 불안의 증폭제다. 결국 '내가 나를 어떻게 보느냐'가 아니라, '세상이 나를 어떻게 보느냐'가 불안을 조장한다. 알랭 드 보통이 제시한 자기 자신에게만 집중하기, 통속적인 인정 기준 무시하기, 자신만의 기준 만들기가 대처방식이라면, 역설적으로 '타인의 눈에서 벗어나기'가 아닌가.

  인정받기에서 문제는 인정의 기준이다. 권력과 금력이 인정 기준이 된다면 권력과 금력이 판치는 세상이 될 것이다. 스포츠, 문화, 예술, 인문학 등에서부터 이타利他의 봉사직에 이르기까지 인정의 기준이 다양화할수록 살맛 나는 사람이 그만큼 많아지는 세상이 될 것임은 불문가지다. 이뿐만 아니라 인정은 유한한 자원이 아니라 끝없이 만들어 낼 수 있는 자원이라는 데 있다. 내가 얻은 만큼 상대가 잃고, 내가 잃는 만큼 상대가 얻는 제로섬게임zero-sum game이 아니라, 양측 모두 처음보다 더 얻는 포지티브섬게임positive-sum game이다. 살맛 나는 세상은 불안의 극복 쪽보다 상호 인정을 무한히 만들어 내는 포지티브섬게임이 긍정적인 해답이건만 서로가 인정에는 박하다.

-《한국수필》1347호(2024. 1.)

장이야! 멍이야!

　　　　　　내기 장기를 둔다. 사십 년 가까이 따라붙어도 접바둑을 면하지 못한 친구 K에게 장기로 갚아줄 심산이다. 그와는 포 1문을 떼주고도 어금버금한 승부다. 하지만 결과는 무승부였다. 훈수가 또 다른 훈수를 불러 동네 장기가 되어서였다.

　바둑은 361칸 넓은 공간을 휘젓고 다니지만, 장기는 90칸 공간에다 그것도 정해진 길로만 다닌다. 바둑은 무궁무진한 수를 감춰놓고 전쟁을 치르지만, 장기는 처음부터 병기와 마상馬象, 병사에서 궁궐의 방어벽까지 서로 드러내놓고 치른다. 바둑은 수많은 전투를 통해 차지한 땅으로 승부가 나지만, 장기는 왕의 생사로 승부가 난다. 그런 측면에서 바둑은 현대전을, 장기는 고대전을 닮았다. 여러 장단점과 특색을 차치물론하고, 인지도나 애호가 측면에서 바둑 쪽에 손을 드는 사람이 많을 것이다. 하지만, 송나라로부터 고려로 들어와 전래한 장기의 역사성이나 뿌리내린 토속적인 서민의 놀이문화라는 측면에서 또 다른 의미가 있다고 여겨진다.

마을 어른들이나 형들이 두는 장기를 어깨너머로 보고 익혔다. 초등학생 때부터 또래들이 모여 자웅을 겨루며 즐겼다. 나이에 따라 한나라 유방이 되거나 초나라 항우가 되어 전쟁을 치르는 재미가 쏠쏠했다. 그때마다 훈수는 약방 감초였고, 동네 장기가 되기 일쑤였다. 그래도 동네 장기가 장기의 별미였다.

나에겐 벽촌에서 장기를 배우면서 부지불식간에 굳어버린 인식의 오류가 있었다. 다름 아니라 항우項羽는 '고집쟁이다', '무식하고 저돌적이다', '힘은 장사다'이고, 유방劉邦은 '지적이다', '귀족적이다', '덕장이다'라는 고정관념이었다.

훗날 이를 바로 알게 된 것은 부끄럽게도 한참 뒤였다. 항우는 BC 232년에 초나라 귀족의 후예로 출생하여 정상적인 교육과 훈련을 받은 용장이었다. 강력한 문벌에다 동적인 리더였다. 반면 유방은 BC 256년 패현에서 서민(농민의 아들)의 신분으로 출생하여 사수의 정장亭長이란 하급 관리를 지냈고, 명망 높은 여공呂公의 딸과 결혼하여 신분 상승을 꾀하였으며, 목적을 위하여 수단 방법을 가리지 않는 냉혹한 인물이었다. 이렇게 장기판에서 익혔던 두 인물을 역사서로 뒤집으면서 모자람에서 오는 실소를 금치 못하였다.

역사 안의 초한전楚漢戰은 이러했다. BC 221년 진의 시황이 마지막 남은 제나라를 흡수하여 7개국을 통일한다. 군현제에 의한 혹독한 중앙집권에다 만리장성, 아방궁 축조에 따른 조공과 부역은 민심이반으로 이어졌다. BC 210년 진시황이 죽자 이듬해 항우, 유방, 진승, 오광이 반란을 일으키고 벌 떼같이 민란이 일어났다. 그때 역사의 전면에 등장한 인물이 항우와 유방이다. 항우는 병력 40만 명을, 유방은 10만 명을 각각 동원하여 세력을 넓혀갔으며, BC 206년 진의 3세 황제 자영이 유방에게 항복하고 진나라는 멸망한다. 항우는 진의 3세 황제 자영을 죽이고, 시황제 무덤을 파헤치고, 아방궁에 불을 지르고, 스스로 서초의 패왕이라 하면서 유방을 한중왕에 봉해 버린다.

힘이 부족한 유방은 전력을 보강하고, 논공행상에 불만을 품은 자들과 힘을 모아 이듬해 항우에게 반기를 든다. 이것이 동과 서, 유방과 항우로 갈라져 싸운 초한전이다. 전쟁의 장기화로 양 진영의 사정이 심각해지자 BC 203년 유방과 항우는 중원의 넓은 수로 홍구를 경계로 동서를 나눠 갖기로 평화협정에 이른다. 초나라에 볼모로 잡혔던 유방의 부모와 처자식들이 돌아올 수 있었다. 평화협정은 유방의 계략이었다. 본진으로 철군하던 항우는 유방의 비열한 사술에 말려들었다. 3만 명 병력으로 60만 명 병력 팽성을 수복한 항우였지만 유방의 백만 군사들에게 해하에 갇혔다. 사면초가였다.

力拔山兮 氣蓋世(역발산혜 기개세)
時不利兮 騅不逝(시불이혜 추불서)
騅不逝兮 可奈何(추불서혜 가내하)
虞兮憂兮 奈若何(우혜우혜 내약하)

힘은 산을 뽑을 만하고, 기운은 세상을 덮을 만한데
때가 불리하여, 오추마는 나아가지 않는구나.
오추마가 달리지 않으니, 이를 어찌할 것인가.
우희야, 우희야, 이를 어찌한단 말이냐.

해하에 포위된 항우가 읊었다는 칠언시 해하가垓下歌다. 절체절명의 위기에 처한 항우의 심사에서 그도 폭정의 패왕이 아니라 한 인간으로서의 면모를 드러내고 있다. 포위망을 뚫고 28명만 살아 우장강에 이르렀다. 회계의 거병 병력, 8천의 강동 자제들을 모두 잃었다. 우장강에서 배를 준비하고 있던 정장의 간청에도 하면목견지何面目見之(무슨 면목으로 사람들을 볼 것인가)라며 도강을 포기하고 스스로 목숨을 끊었다.

사마천의 사기를 통해 항우와 유방, 두 인물을 살펴보노라면 비정한 역사와 목불인견의 참화에서 내내 인내의 끈을 내려놓지 못한다. 그 가운데 특별히 두드러지는 것은 항우의 무차별 학살과 유방의 끊임없는 공신 제거다.

항우는 신안성을 점령하고 포로 20만 명을 생매장하였다. 양성 학살, 성양 학살, 함양 학살 등 점령한 성의 군사나 주민을 모조리 학살하였으며, 제나라를 점령하고는 포로를 생매장하고 주민을 학살하였다. 학살을 전쟁의 수단이자 과정으로 여긴 살인마였다. 그것이 민심을 잃은 지름길이었고, 패전에 이른 결정적 동인이었다.

인재를 버리는 것, 이것을 쓰는 것만큼이나 중요하게 여긴 인간이 유방이다. 공신 한신을 죽이고, 영포를 죽이고, 팽월을 죽였다. 팽월의 살과 피로 젓갈을 담아 공포용으로 쓴 인간이다. 고향 동네 아우 번쾌마저도 죽일 기회만 엿봐서 죽을 고비에서만 연명하였다. 유방에게 있어서 공신은 '어려움을 같이할 수 있어도 즐거움은 같이 할 수 없는 사람'이었다.

장기판에서 중국 역사의 진면목을 보는 듯싶다. 전쟁광 스물여섯 살 초패왕 항우, 일자무식 시골뜨기 백수건달 출신의 비열한 승리자 한고조 유방이 장기판에 살아남았다. 아이러니다. '장이야! 멍이야!' 불림을 받고 있다.

문명의 충돌

　　　　　　수도 카블이 탈레반 수중에 들어갔다. 아프가니스탄 대통령은 국민의 희생을 줄인다는 구실로 국외로 탈출하였고, 지휘자가 사라진 군대는 다섯 배나 더 많은 병력이라면서도 기둥 빠진 건물처럼 와르르 무너졌다. 2021.8.31로 정해진 미군 철수 예정 시한을 보름 앞둔 시점이다. 카블공항은 필사적으로 밀려드는 탈출 인파로 아비규환이고, 이륙하는 비행기에 매달렸다가 공중에서 떨어지는 목불인견의 죽음들이 TV 긴급뉴스 화면이다. 아프가니스탄을 탈출했거나 탈출 시도 중인 사람들이 3백만 명이 넘을 것이라니 엄청난 엑소더스Exodus다.

　아프가니스탄 재건사업의 상징적 근거인 바그람 한국병원과 바그람 한국직업훈련원이 탈레반에 의해 처참하게 폭파되었다. 함께 근무하고 관계하였던 현지 아프가니스탄인과 그 가족 391명의 목숨은 옥죄이는 처형의 공포에 휩싸였다. 그들의 "제발 구해주세요."라는 SOS에 우리나라의 응답, 이것이 '미라클Miracle'로 명명된 2만km 구출 작전이다. 탈레반의 카블 점령 후 열흘 뒤 모두를 구출해냈다. 한국 공군기에 의해 '특별공로자'란 이름으로 입국시킨 드라마 같은 이 작전은 긴박성과 적진에서 수행한 불가능에 가까운 난이도 때문에 세계인의 찬사를 받고 있다.

카블의 엑소더스를 보면서 칠십 년 전 인공치하에서의 서울을 떠올린다. 1950.6.27 서울이 함락되어 맥아더 장군의 인천상륙작전으로 9.28 수복하기까지 석 달 동안 상상을 초월하는 처형이 있었다. 피난을 가지 못한 서울시민들의 생지옥 같은 수난사를 남아있는 반동분자 색출 명단, 즉결 처분자 명단 등의 문건들이 생생하게 되살려 증언하고 있다.

아프가니스탄 사태에서 헌팅턴의 《문명의 충돌》을 본다. 냉전 종식 후 국가 간의 무력 충돌이 발생하는 것은 자본주의, 공산주의라는 이념의 차이에서가 아니라 전통, 문화, 종교적 차이 등 '문명의 충돌' 때문이라는 헌팅턴의 주장에 동의해서일 듯싶다. 미국의 9.11 테러 사태 5년이나 앞서 예견한 '문명의 충돌'은 두 해 뒤 내놓은 하랄 뮐러의 《문명의 공존》에도 불구하고 문명에 바탕을 둔 국제질서만이 세계대전을 막는 확실한 수단이라는 것에 공감하면서다.

이슬람 과격 테러단체 알카에다의 9.11 테러 공격으로 뉴욕의

WTC(세계무역센터)와 워싱턴의 펜타곤(국방부)이 폭파되었다. 3,130명의 인명을 잃었다, 진주만 공습에 의한 인명피해보다 800명이나 더 많은. 미국 본토가 공격당한 것은 역사상 처음 겪은 대사변이었다. 알카에다와 오사마 빈 라덴을 지원하는 탈레반 정권을 무너뜨리고, 알카에다를 발본색원하는 것이 피할 수 없는 수순이었다. 다음 달, 그들에 대한 응징은 아프가니스탄 침공부터였다. 탈레반 정권을 무너뜨리고 민주 정부를 세웠으며, 끝내 오사마 빈 라덴까지 사살하였다. 이번 미군의 아프가니스탄 철수는 20년 전쟁의 마무리인 셈이다. 하지만 미군 철수 전의 카블 함락과 이에 이은 탈레반의 정권 재수립은 거대 미국의 국격 손상으로 이어졌다. 종교라는 문명의 충돌이야말로 풀기 어려운 난제 중의 난제라 아니 할 수 없다.

지구촌의 이슬람 인구는 약 16억 명으로 매년 2천만 명씩 늘어나는 추세다. 우리나라에도 37만 명의 무슬림이 더불어 살아가고 있다. 시아파와 수니파를 불문하고 대부분 온건한 무슬림들이다. 그렇지마는 무함마드와 칼리프 시대로 돌아가 쿠란과 하디스에 충실한 이슬람 공동체(움마)를 건설하자는 원리주의 무슬림이 있다. 정종政宗일치, 신정神政체제를 지향하는 이들이다. 어림잡아 전체 무슬림의 10% 정도인 1억6천만 명이다. 그 가운데 IS, 알카에다, 보코하람

등은 원리주의자 중에서도 급진적 원리주의자들이다. 제도권 이슬람 국가들의 정통성마저 부정하는가 하면, 심지어 샤히드Shahid(순교자)라는 이름으로 자살테러를 감행한다.

멀리 십자군 전쟁에서부터 가까이 중동전쟁에 이르기까지 종교전쟁은 끊이지 않았다. 북아일랜드에서는 기독교 구교와 신교 간에 충돌이 있었고, 시리아에서는 이슬람 수니파와 시아파 간에 내전을 치르는 중이다. 하지만 인도 파키스탄 이집트 아제르바이잔 나이지리아 케냐에서는 기독교와 이슬람 간에, 미얀마 스리랑카에서는 불교와 이슬람 간에 종교분쟁을 치르고 있다. 이슬람에 대한 충돌 이미지는 아프가니스탄의 탈레반 정권에 의해 더욱 심화 내지 고착화하지 않을까 우려된다. 문제는 모든 문명권에서 통용되어야 할 자유, 평등, 인권, 공동체에 대한 헌신 등의 정신적 가치체계가 송두리째 뒤집히는 이슬람 종교에 대한 세계인의 관점이 아닐는지.

18세기는 왕들 간의 싸움이었고, 19세기는 민족국가 간의 싸움이었으며, 20세기는 정치 이념 간의 싸움이었다. 21세기는 이질적인 문명 간의 싸움이라는 '문명의 충돌'이다. 문명의 동질성에 따라 이합집산이 될 것이다. 그럴수록 이질적인 문명 간의 평화와 공존에 대한 부단한 노력은 불문가지의 열쇠다. 이슬람권에 정치적 압제가 풀려야 하고, 경제적 불평등이 사라져야 하고, 종족 및 종파적 차별과 소외가 없어야 하며, 만연한 청년실업이 해소되어야 한다는 것들이 바람직한 테러 근절 접근법임을 이미 알고 있어서다. 문명의 충돌이란 것이 이미 정해진 것이 아닌 인간들이 만들어가는 과정이기 때문이다.

-《대구문학》제172호(2022.1)

민망한 전화위복

　　　　　　　　대구광역시문인협회가 주관하는 전국 문학관 탐방에 참여하였다. 경남지역 문학관 탐방단의 탐방코스다. 일행은 대구문화예술회관 앞마당을 출발한 지 한 시간여 만에 경남문학관에 닿았다. 장복산 기슭에 자리 잡은 문학관 돌계단을 하나하나 오르며 떡하니 버티고 선 문학관을 경외의 눈으로 쳐다보았다.

　개인 문학관이 아닌 지역 문인들의 통합문학관이 이미 16년 전에 개관되었다는 것, 그것도 회원들의 총의로 건립되어 경남문인협회 부설로 운영되고 있다는 사실에서 자괴감을 느꼈다. 경상남도의 앞선 문학 기반과 문학 사랑을 목도하면서 놀라움을 감출 수 없었다. 교육도시, 문학의 도시라며 허장성세虛張聲勢를 부려온 대구의 자화상이 오버랩되어 허탈하기까지 하였다.

　마음을 추스르며 전시관 안으로 들어서자 남쪽 벽과 서쪽 벽 전시대의 작고 문인 코너가 눈을 사로잡았다. 일백여 명의 작고 문인 저서와 자료를 작가별로 전시해 놓았다. 이은상, 유치환, 이원수, 조연현, 김춘수 같은 명망이 높은 선배 문인의 저서와 자료들이 발걸음을 붙잡았다.

북쪽 벽 전시대에는 출향 문인들의 저서와 자료가 전시되어 있고, 경남도 내 문인 코너에서는 도내 전 문인들의 저서와 자료를 만날 수 있었다. 이뿐만 아니라 지역 문학 코너를 두고 도내 문학단체와 동인의 문학지·동인지, 자료를 일목요연하게 비치해 놓았다. 탐방객으로서 부러움을 감출 수 없었다.

경남문학관의 장점으로 전시실 외에 자료실과 세미나실을 따로 두고 있다. 경남 문인들의 저서와 자료, 육필 원고, 지역문예지, 동인지를 상설 전시하는 전시 공간으로 지역 문학의 역사를 반추·조망할 수 있고, 다양한 문학 행사를 통해 도민들에게 문학을 향유할 수 있도록 운영하고 있다. 문학관을 둘러보면서 정적인 전시 공간보다 동적인 문학 공간이 못지않게 중요하다는 것을 실감하게 되었다.

이어서 마산 이원수문학관과 통영 청마문학관을 탐방하면서 두 문학인의 문학 업적과 생애를 전시 자료를 통해 다시 만나는 기회를 가졌다.

이원수문학관에서는 「고향의 봄」과 「오빠생각」을 몸으로 노래하였고, 「겨울 물오리」로 돌아온 잃어버렸던 자녀 용화와 상옥이를 만났다.「고향의 봄」,「어머니」,「찔레꽃」,「엄마 기다리는 아이의 노래」, 「어디만큼 오시나」의 배경인 천주산을 함께 즐겼다. 이어서 통영 망일봉 기슭에 문학관과 생가로 구성된 천마문학관에서는 유품과 문헌자료로 천마의 생애와 문학과 발자취를 밝혀놓았다. 삼백오십여 점의 문헌자료는 천마의 문학적 업적을 웅변하고 있었다.

그러나 이원수의「고향의 봄」과 청마의「깃발」,「행복」에는 짙은 그림자가 드리워져 있었다. 생전에도, 사후에도 걷히지 않았던 반민족 친일의 그림자. 이원수에게선「반도의 빛」,「대동아전쟁과 문필가의 각오」,「지원병을 보내며」와 같이 자발성과 적극성이 도드라진 몸놀림의 그림자다. 천마에게선 타자의 생명에 대한 잔혹한 가학 심리를 토설하고 항일 독립운동가의 죽음을 비적匪賊으로 비하했다는「수首」, 학도병지원을 독려한「전야」, 대동아공영권 수립을 축원하는 축시「북두성」은 시시비비의 수준을 넘어섰다고 여겨졌다.

우리의 오천 년 역사엔 '자주'라는 밝은 면과 '예속'이라는 어두운 면이 있다. 밝은 면은 장려하고, 어두운 면은 교훈으로 삼아가야 할 몫이다. 오늘날 현대사를 관조해 봐도 그렇지 않았던 경우가 얼마였던가. 어두운 면만 들춰서 매장하려는 뺄셈의 정치 말이다. 공功과 과過는 빛과 그림자다. 친일 작가의 행적은 분명히 짚고 넘어가야 한다. 더불어 문학적 업적은 업적대로 인정하는 투 트랙의 접근과 관리가 필요하다고 본다. 그런 의미에서 업적의 승인과 인물을 숭상하고 기리는 것, 이것을 별개의 문제로 하는 엄정한 잣대여야 하겠다.
 전국 문학관 장점을 챙겨서 문학관 중의 문학관을 마련한다는 포부에 비춰볼 때 "늦게 건립하게 된 것이 오히려 전화위복이다."라는 것은 나만의 생각일까. 이것이 '대구문학관 준공의 변'이 되어야겠다는 일념이다.
 이제 일천여 명 대구문학인들의 꿈을 이루기 위한 치밀한 준비와 역량의 결집이 최우선 과제로 대두하였다.

육신사六臣祠에서

       육신사六臣祠행 차량이 하빈 묘리 입구에 들어섰다. 충절문忠節門을 통과하면서 옷깃을 여미고, 들뜬 마음 자락에 추념의 검정 리본을 달았다. 삼충각三忠閣을 거쳐 육신사로 들어가면서 '밖에서는 보이지 않고, 안에서는 밖을 내다볼 수 있다.'는 '묘골마을'의 묘妙부터 챙겼다. 거대한 용이 자신의 꼬리를 돌아보는 모양새(회룡고미형回龍顧尾形)의 지형에 기인한다는 설명을 현장에서 확인하였다.

  박정희 전 대통령이 쓰셨다는 '六臣祠' 편액이 걸린 외삼문外三門을 들어가 홍살문紅箭門에 올랐다. 사육신 육각 유적비를 앞섶에다 두고 사육신의 위패를 모신 숭정사崇正祀로 드는 내삼문인 성인문成仁門이 우뚝하게 서 있었다. 일행은 죽음으로써 충신의 절개를 지켰던 560년 전 성삼문 박팽년 하위지 이개 유응부 유성원을 기리며 삼가 추모의 묵념을 올렸다.

저만치 오른편에 정면 4칸 측면 2칸의 정자가 보인다. 오른쪽은 팔작지붕, 왼쪽은 맞배지붕에 서까래의 윗머리를 다른 벽에 지지시켜 달아낸 부섭지붕으로 마감되어 있다. 대구에서 정자로서 유일하게 보물(제554호)로 지정된 태고정太古亭이다. 정자 앞으로 다가섰다. 일명 일시루一是樓라고도 불려서 두 개의 현판이 나란히 걸려 있다. '모든 것은 본시 하나이다.'라는 일시루가 던지는 예사롭지 않은 의미보다 '一是樓' 현판에서 한 뼘 됨직한 낙관에 먼저 마음이 홀렸다. 匪懈堂비해당이었다. 비해당은 아버지 세종 임금이 게으르지 말라며 내려주신 셋째 아들 안평대군의 호다.

태고정은 취금헌의 손자 박일산이 성종 10년(1479년)에 창건하였다. 안평대군이 계유정란으로 강화도에서 사사賜死된 해로부터 23년 뒤의 일이다. 몇십 년 뒤를 내다보고 미리 써놓을 수 없기에 편액 '一是樓'는 당대 최고의 서예가였던 안평대군의 송설체를 집자集字한 것이라는 것을 확인하기에 이르렀다. 십여 년 전에 왔을 때는 보이지 않았었다. "아는 만큼 보인다."는 말을 실감하면서 비해당 안평대군과 취금헌醉琴軒 박팽년에 관한 생각의 비약은 육신사의 울타리를 넘나들었다.

안평대군과 박팽년은 특별히 가까웠던 사이다. 안평대군이 스물 아홉 살이었던 그해(1447년) 사월 스무하룻날 저녁에 무계정사에서 인수(박팽년)와 둘이서 도원에 거니는 꿈을 꿨다. 정부(최항)와 범옹(신숙주)이 뒤따랐다. 안평대군은 "참 이상하다. 문전성시를 이루는 그 많은 문객 중에 어찌하여 인수와 정부, 범옹밖에 없단 말인가?"라고 안견을 앞에 두고서 되뇌었다. 아침에 안평대군에게 불려 온 안견은 꿈을 그리라는 하명을 받고 동진의 도화원기를 모델로 사흘 만에 그려서 바쳤다. 그 그림이 현재 일본 천리대학이 소장하고 있는 몽유도원도다.

안평대군이 꿈속에서 보았던 그 도원과 흡사한 인왕산 자락에 지은 무계정사武溪精舍는 박팽년, 성삼문, 신숙주, 이개, 최항 등 젊은 집현전 학사들의 시회詩會 장소였다. 수양대군과의 정권 경쟁에서 그를 지지해 주었던 훈구대신 김종서와 황보인, 참모 역할을 했던 이현로 등이 수시로 드나들었다. 무계정사는 예술가 안평대군의 아지트이자 정치가 안평대군의 진지였던 셈이다. 건곤일척의 두 왕자의 정치 게임은 수양대군의 쿠데타로 막을 내렸다. 이 쿠데타가 계유정란이다. 김종서, 황보인을 제거하고 자신의 경쟁자인 안평대군을 강화로 유배 보냈다가 사사賜死를 내렸다. 안평대군 집을 드나들던 사람들도 모두 모반에 연루되어 죽임을 당했다.

안평대군의 도원의 꿈속에서 함께 노닐었던 세 사람은 박팽년 신숙주 최항이다. 안평대군은 무계정사에 드나드는 수많은 사람 중에 특별히 교분이 두터웠던 까닭에 함께 도원에 이르게 되었을 것이라고 믿었다. 그렇지만 세 사람 가운데 최항과 신숙주는 안평대군의 반대편인 수양대군이 주도한 쿠데타군에 줄을 섰다. 힘센 자 편에 줄을 서서 정란공신에다 승차까지 하였다. 그때부터 맛이 빨리 변하는, 씹을 것도 없이 보드라운 녹두나물이 신숙주의 이름을 따서 '숙주나물'이 되었다니 역사가 거증하는 슬픈 이름이다.

'줄서기, 줄 바꾸기, 줄 끊기'는 오직 선택한 자의 몫일까, 라는 의문은 왜일까?

박팽년만은 다른 사육신과 함께 끝까지 정의로운 편에 줄을 서서 단종 복위를 시도하다가 멸문지화를 당했다. 이것이 집현전의 유망한 젊은 학자들 가운데서도 학문과 문장, 글씨까지 모두 뛰어난 '집대성集大成'의 선택이었다. 하지만 최항과 신숙주는 줄을 바꿔 안평대군을 죽이는 데, 후환을 없앤다며 사육신을 죽이고 단종을 죽이는 데 앞장섰다. 공신으로 높은 자리를 꿰차고 한평생 호의호식하였다. 안견과 같은 이들은 줄을 끊어서 살아남았다.

결과가 비록 선택한 자의 몫이지만, 정의로운 편으로의 선택에 따르는 그들의 목불인견의 희생을 생각하면 육백 년 가까운 세월이 흘러도 풀리지 않는 응어리로 남는다. 구원의 손길에 의해 올림을 받을 것인가. 역사에만 그 책임이 맡겨질 것인가. 후대의 귀감으로 영원히 살아갈 것인가. 육신사를 나서는 마음자리에 책임감 같은 무거운 그 무엇이 따라붙었다.
　"당대의 난신이요, 후세의 충신이다."라는 세조의 음성이 들렸다.

－《달성문학》제13호(2021.)

베아트리체 첸치를 만나다

　　　　　　성聖천사의 다리를 바라본다. 바티칸과 산탄젤로성을 잇는 성천사의 다리 앞 광장에 포승줄에 묶여 끌려 나왔을 베아트리체 첸치가 실루엣으로 다가온다. 귀도 레니가 그린 〈베아트리체 첸치〉 속의 그녀다. 1599년 9월 11일, 너무 아름다워서 사형당하는 베아트리체 첸치를 보고자 모인 구름 인파는 스물두 살 처절한 아름다움에, 사랑에 눈 감은 교회의 처결에 냉가슴을 쓸었을 것이다.
　베아트리체 첸치는 로마의 귀족 프란체스코 첸치의 첫 번째 아내의 딸로 태어났다. 프란체스코 첸치는 교활하고 흉포한 거부였다. 베아트리체 첸치는 근친상간에다 모진 학대를 받아오다가 두 번째 아내 루크레치아와 함께 아킬라 지방의 외딴 라 페트렐라성에 갇혔다. 자유를 위해 몇 차례 탈출을 시도하다가 끝내는 현지 조력자 올림피오 칼베티, 오빠 자코모, 동생 베르나르도와 모의하여 아버지를 살해하고, 시신은 발코니에서 내던져 자살로 위장하였다. 하지만 곧바로 진상은 밝혀졌고 교황 클레멘스 8세는 어린 베르나르도를 제외한 이들을 모두 사형에 처하였다.

정상 참작을 청하는 로마시민의 감형 탄원보다 프란체스코 첸치의 재산이 먼저였을 거라는 원성의 대상은 교황 클레멘스 8세였다. 원성의 끝은 재산 몰수로 이어졌다. 그는 다섯 달 뒤에도 신성 모독과 지동설을 폈다는 죄목으로 입에다 재갈을 물려 가두어 놓았던 조르노 부르노를 발가벗겨서 꽃의 들판 활활 타오르는 장작더미에 내던져 화형에 처하였다. 이러한 사건들로 점철된 중세기는 교회사에서 지워버리고 싶은 암흑의 시대라는 데에 공감하게 된다.

3대 미녀 그림이라고 하면, 레오나르도 다빈치의 〈모나리자〉, 귀도 레니의 〈베아트리체 첸치〉, 요하네스 페르메이르의 〈진주 귀걸이를 한 소녀〉를 꼽는다. 세 여인이 모두 실존 인물이라는 데에 큰 의미가 있다. 하지만 꼽은 순서는 미의 순서가 아니라 작품의 탄생 순이다. 이 세 여인 가운데 가장 아름다운 여인은 누구일까. 개인적으로 베아트리체 첸치가 아닐까 하고 믿어왔다. 믿음의 기저는 그림 속의 여인을 보고 프랑스 사실주의 문학의 시조 스탕달이 녹아웃 knock-out된 일이 있었기 때문이다.

'피렌체에 있다는 생각만으로도 나는 황홀했다. 게다가 조금 전에는 위대한 예술가들의 무덤가에 있지 않았던가! 숭고한 아름다움에 마음을 빼앗긴 나는 그 아름다움을 자세히 살펴보았다. 아니 손끝으로 만져보았다. 예술품과 열정적 감정이 어우러져 빚어내는 초자연적 느낌들이 충돌하는 감동의 물결이 나를 휘감았다. 산타크로체를 나올 때 나는 심장이 두근거렸다. 온몸에서 생기가 빠져나간 듯했다. 나는 발을 내딛고 있었지만 금방이라도 쓰러질 것 같았다.'

스탕달이 1817년에 피렌체의 산타크로체를 방문했을 때 겪은 특이한 경험의 기록이다. 산타크로체는 1295년에 지어진 고딕 양식의 '성스런 십자가' 성당이다. 특별하게도 미켈란젤로, 갈릴레오, 마키아벨리 등 예술인이 잠들어 있고, 객사한 피렌체가 낳은 극작가 단테의 가묘도 있다. 1979년 이탈리아 피렌체의 정신과 의사 그라지엘라 마게리니가 이를 '스탕달 신드롬'이라고 명명했다. '병의 증후군'이란 '신드롬'이 스탕달이 겪었던 '뛰어난 예술품을 봤을 때 극도의 감동에 휩싸여 정신 분열을 일으키는 현상'을 뜻하는 용어로 말이다.

스탕달은 그 충격으로 한 달이나 치료를 받고도 별다른 언급은 없었지만, 후세의 사람들은 산타크로체 성당에 전시되었던 귀도 레니의 〈베아트리체 첸치〉 때문이라는 것에 의견을 같이하고 있다. 스탕달이 피렌체를 여행하고 돌아와 착수한 작품이 『첸치 일가』여서 그 사실을 더욱 명징하게 뒷받침하고 있어서다. 게다가 사람들이 베아트리체 첸치가 아름다움 때문에 참수형을 당한 비극의 주인공이어서 스탕달 신드롬이 〈베아트리체 첸치〉 때문이었다고 믿고 싶어 한다는 것이다.

명작 〈베아트리체 첸치〉는 베아트리체 첸치의 참수형을 전후로 두 점이 탄생하였다. 하나는 베아트리체 첸치가 처형을 당하기 직전 귀도 레니가 그린 그녀의 초상화다. 처형당한 지 3년 후였던 1602년에 완성하였다. 다른 하나는 귀도 레니가 죽은 지 20년 후인 1662년에 세상에 나온 것이다. 전작이 앳된 소녀의 모습이라면 후작은 성숙한 숙녀의 아름다움이다. 머리에 흰 터번을 두르고 비스듬히 앉아 뒤돌아보는 시선에 어떤 이도 자유로울 수가 없다. 후작은 여제자 엘리자베타 시라니가 스승의 전작을 보고 모작했으리라는 주장이 이어져 왔으나 스승의 미완성 작품을 엘리자베타 시라니가 완성한 것으로 밝혀진 것이다. 엘리자베타 시라니 역시 작품 속의 주인공 베아트리체 첸치와 같이 아버지의 가혹한 학대에 시달렸다. 인정받는 여류화가였지만 오직 그림을 팔아 돈을 바쳐야 하는 비극적인 삶이었다. 스물일곱의 짧은 슬픈 삶도 닮았다. 후작의 아름다움엔 엘리자베타 시라니의 삶까지 녹아있어서일 것이라 믿는다.

구슬이 서 말이라도 꿰어야 보배이듯이 작품으로 담아내지 못한 아름다움은 묻히기 마련이다. 귀도 레니가 베아트리체 첸치의 아름다움을 화폭에 담아놓았다. 로마를 자신의 조각품과 건축물로 가득 채웠던 로렌초 베르니니가 루브르궁 설계자로 초청받은 자리에서 "파리에 있는 모든 그림을 다 합쳐도 귀도 레니의 그림 한 점만 못하다."라고 했다니, 귀도 레니의 위상을 짐작하고도 남음이 있다. 〈베아트리체 첸치〉, 베아트리체 첸치의 미와 귀도 레니의 예술의 만남이다. 당대 최고의 미인과 당대 최고 화가와의 조합이다. 주인공이 작품을, 작가가 주인공을 한층 더 빛나게 한 상징적 작품이다.

 그렇다. '우리 삶도 누구를 만나느냐, 어떻게 하느냐에 따라 그 결과는 달라지겠지.' 장삼이사의 생각을 거두면서 성 갈리스도 카타꼼바(지하 동굴묘지)로 발길을 옮겼다.

-《좋은수필》제131호(2022. 6.)

멀티플레이어 헐버트

　　　　　　　　버들꽃나루, 절두산切頭山 가는 길에 푸른 눈의 이방인들이 고이 잠들어 있다. '양화진외국인선교사묘원'이다. "내게 천 번의 삶이 주어진다면 그 삶 모두 조선에 바치겠다."라고 했던 루비 켄드릭을 비롯하여 호머 베절릴 헐버트, 언더우드, 아펜젤러, 헤론, 어니스트 베델, 위더슨, 윌리엄 쇼, 웰본 등 사십여 제위이시다.

　"나는 웨스트민스터 사원보다 조선 땅에 묻히기를 원하노라."라는 유언을 새겨놓은 호머 베절릴 헐버트H.B.Hulbert의 묘비 앞에 섰다. 어니스트 베델과 더불어 한국인들이 가장 좋아하는 외국인 1위에 꼽힌 인물이다. 묘비명은 이승만 초대 대통령께서 써 주시기로 하였으나 이루어지지 못한 채 비어있다가 서거 50주년에 당시 대통령 김대중의 '헐버트 박사의 묘'라고 쓴 휘호를 받아 음각한 것이다. 안중근 의사가 의거 후 일제 경찰의 문초를 받으면서도 "조선인이라면 헐버트를 하루도 잊어서는 안 된다."라는 말을 남겼던 정도였으니 독립을 위한 그의 헌신을 가늠해 볼 수 있을 듯싶다.

호머 베절릴 헐버트는 1863년 미국 버몬트주 뉴헤이번에서 아버지 칼빈 헐버트와 어머니 메리 우드워드 사이의 3남 3녀 중 차남으로 태어났다. 아버지 칼빈 헐버트 목사는 미국 버몬트주 미들베리 대학교 총장이었고, 어머니 우드워드는 다트머스 대학교 창립자 엘리저 윌록의 외증손녀였다.

1882년 조미수호통상조약 체결 후 조선 정부의 영어와 근대식 교육을 담당할 교사 파견 요청에 따라 미국 교육위원장 이튼John Eaton이 대학 선배인 칼빈 헐버트에게 세 아들 가운데 한 명을 파견 요청하면서 헐버트가 지원하게 되었다. 서세동점의 시기에 이렇게 미국의 갓 스물세 살 청년이 한 달 넘게 가야만 닿는 태평양 건너편 은자의 나라 조선에 뛰어든 것이다. '원칙이 승리보다 중요하다.'라는 가훈 속에서 성장한 헐버트였기에 사명감에 의한 자기희생의 길로 자원할 수 있었던 것이리라.

1886년 벙커Bunker, 길모어Gilmore와 함께 제물포로 도착한 헐버트는 조선 최초의 근대식 학교인 육영공원育英公院에서 영어와 지리를 가르쳤다. 한글을 배우기 시작하여 4일 만에 읽고 썼으며, 부임 3년 뒤 한국 최초의 순 한글 지리 교과서『사민필지』를 저술하여 교재로 사용했다. "한글은 현존하는 문자 가운데 가장 우수한 문자"라며 한글 로마 표기법을 고안하고 주시경과 함께 한글 띄어쓰기, 마침표, 쉼표를 도입하였다. 한국인보다 더 한글을 사랑하고, 한글학자보다 한글에 더 깊이 빠져들었던 외국인이다.

　명성황후 시해 사건이 일어났을 때 언더우드, 에비슨과 더불어 고종 침전에서 불침번을 섰고, 을사늑약의 무효성을 알리는 고종의 친서를 루스벨트 미국 대통령에게 전하는 고종의 특사로 임명받은 고종의 최측근이었다. 고종의 밀서를 받아 네덜란드 헤이그 만국평화회의장에 비밀 특사로 이준, 이상설, 이위종을 파견하는 데에 결정적 역할을 하였으나 일본제국의 방해로 실패한 아픔을 겪었다. 이로써 헐버트는 추방되어 헤이그 평화클럽에서 일본의 부당함을 질타한 후 서울로 돌아오지 못한 채 서재필, 이승만 등의 미주독립운동가들을 도우며 독립운동 활동을 펼쳤다.

　1차 초빙받은 1886년부터 육영공원에 자리가 없어져 일시 귀국한 1891년까지 5년, 2차 미국 감리교회 선교사 자격으로 입국한 1893년부터 일본제국의 추방령이 내려진 1907년까지 14년을 압제받는 조선 백성과 고난을 함께하였다. 본국에 가서도 1945년 광복 때까지 국권 수호와 독립운동 지원에 헌신하였으니 일생을 조선인보다 더 조선인답게 살았던 인물이다.

　헐벗, 흘법訖法, 허흘법許訖法, 할보轄甫, 허할보許轄甫라는 한국어 이름을 가졌던 그는 조선에서 영어를 가르쳤던 교육자, 한국어에 능통하고 한글의 우수성과 과학성에 매료돼 미국 언론과 영문 잡지에 기고와 논문을 통해 한글과 한국문화를 홍보했던 한글학자, 대한제국 말기 국권 수호와 일제강점기 조선의 독립운동을 지원한 독립운동가, 미국의 감리교회 선교사, 역사학자, 7개 국어를 구사하는 언어학자, 독립신문 발행을 도운 언론인, YMCA 초대 회장이었던 사회운동가였다. 하나 몫도 어려울 것이건만 빛나는 일인다역을 하나하나 모두 타의 추종을 불허할 정도였다. 이역만리에서 건너온 오직 조선을 위한 조선의 멀티플레이어였다. 이 땅의 축복이었다. 존경을 넘어 경이롭기까지 하다.

1948년 대한민국 수립 이듬해인 1949년 7월 29일 40년 만에 방한하였으나 86세의 노구에 쌓인 30여 일의 여독으로 1주일 만인 8월 5일에 청량리 위생병원에서 운명하셨다. 8월 11일 최초로 외국인 사회장으로 영결식을 거행하였다. 1950년 대한민국 정부로부터 외국인으로서는 최초로 건국공로훈장 태극장(독립장)이, 2014년 한글날에는 금관문화훈장이 추서되었다.

여기 묘원에 잠든 외국인들의 삶 전부가 미개한 조선의 개화역사다. 일본이 미일수호조약에 의해 개항하고, 메이지유신으로 근대국가를 개막한 것이 조선의 갑오경장보다 30년이나 앞섰다. 신문물을 받아들인 일본의 총포에 무차별 점령당하고, 그들의 수탈목적에 의해 강압적으로 개혁이 이뤄졌다. 역사적으로 신문물을 가르쳤던 선진국에서 거꾸로 개혁의 대상이 되어 종살이하였다. 척화비에다 강토를 피로 물들이면서까지 개화를 막아낸 위정자들의 업보가 절두산切頭山 성지에 걸려 있다.

- 《경북문단》 제41호(2022. 후)

동명이찰同名異刹 법주사法住寺

초등학교 동기생 셋이 법주사를 찾아 나섰다. 속리산 법주사가 아니라 고향 땅 군위군 소보면 청화산 법주사다. 반세기도 넘게 잊고 지냈던 초등학교 십 리 길 단골 소풍지다. 민들레 홀씨처럼 만추의 하늘에 기억의 송아리가 둥둥 서로 먼저다. 자연부락 두란-엄문-법주-수철로 이어지는 달산리의 늘어난 현대식 양옥과 잡초 우거진 폐가들엔 기대와 우려가 어깨동무다. 옛적의 그림이 아니다. 줄지어 걸었던 신작로와 꼬불꼬불 산길은 이제 사통팔달의 포장도로다. 승용차들이 미끄러지듯 오간다.

법주사 들머리의 홀딱 벗은 늙은 감나무 우듬지에 까치밥이 농익어 간다. 배고픈 산새에게 시장기 풀어주고, 절 찾는 이들에게 자선을 일러주는 붉은 사랑이다. 마지막 한 개까지 보듬어 내놓은 보시가 붉디붉다. 포도를 오르자니 눈높이를 낮춘 육등신六等身 석불입상의 얼굴에도 불타의 마음이 어려있다. 화안열색시和顏悅色施다.

초입에 이르니 '靑華山 法柱寺'청화산 법주사라고 명찰을 단 일주문이 새 제복을 입은 위병처럼 근엄하게 우뚝 서 있다. 일주문에서 위를 쳐다본다. 계단식으로 배치된 사찰의 전경이 시야를 바꿔도 한눈에 조망할 수 없다. 십여 개나 되는 건축물이 웅장하게 들어선 대단위 사찰로 바뀌었다. 상전벽해다. 상전벽해가 세상이 아닌 절간에 일어났다. 그동안 얼마나 많은 역사가 있었던가.

법주사 안내문부터 읽는다. 지금으로부터 일천오백여 년 전인 서기 493년(신라 21대 소지왕 15년)에 창건하였고, 1623년(조선 인조 원년)에 소실되었다가 1660년(조선 현종 원년)에 새로 조성하였고, 보광명전(현 영산전)은 1690년(조선 숙종 17년)에 재건축하였다. 근래에 이르러 1999년 보광명전, 2001년 일영당과 욕화당, 2005년 명부전과 산신각, 2011년 청화선원과 설선당, 2015년 일주문, 2016년 보광루를 신축하였다고 밝혀놓았다. 대부분 새로운 세기에 건축하였다. 신생 사찰처럼 보인다.

보광루, 범종각을 거쳐 보광명전 앞에 섰다. 안내자의 괘불도 설명에서 보물이 시사하는 예술적 감명을 크게 받았다. 가로 4.54m에 새로 7.12m, 총 16폭의 비단을 이은 거대한 화폭에 수화승 두초를 비롯하여 변철, 치겸, 심안 등 9명의 화승이 참여하여 그렸다. 보살형 여래가 보관을 쓰고 두 손을 좌우로 벌려 연꽃을 들고 있는 모습으로 하단엔 용왕과 용녀를 배치하였다. 9명의 화승이 그린 괘불도 掛佛圖가 한 화승의 그림처럼 완벽하다. 담채 기법의 색감과 세밀한 필선, 다양한 문양 등 작품의 높은 완성도에 대한 경이였다. 불교 큰 행사 때 대웅전 앞 괘불대에 괘불도를 걸어 놓고 법회를 하는 모습을 그리며, 마치 내가 그 자리에 참여한 것 같은 기시감을 느꼈다.

보광명전을 돌아가니 영상전이다. 유년의 기억 속에 남아 있는 보광명전이다. 보광명전을 새로 짓고 영산전으로 이름이 바뀌었다. 마당에는 눈에 익은 오층석탑이 서 있다. 처음에는 2층 기단 위에 5층 탑의 몸돌을 올렸을 것이나 위층 기단과 4층 몸돌, 지붕돌이 없다. 잃어버리고 훼손되어 안타깝기 그지없다.

보광명전이 저만치 보이는, 일영당 앞 별채에서 왕맷돌을 만났다. 동자승을 무릎에 앉힌 왕맷돌이 몸을 돌리며 '내가 법주사'라 한다. 요사채에 있었던 것으로 보이는 이 왕맷돌은 200m 정도 거리의 밭둑에 반쯤 묻혀있다가 발견되어, 50여 년 전에 20여 명의 장정에 의해 힘겹게 옮겨졌다고 한다. 암돌, 숫돌 공히 지름이 115cm, 두께 15.5cm 크기로 국내 유일의 왕맷돌이다. 두 개의 돌을 포개어 놓고 윗돌을 돌려 곡물을 갈게 되는 맷돌은 윗돌에 곡물을 넣는 구멍을 두는데 왕맷돌은 구멍이 무려 4개다. 3,000여 명의 식사를 감당할 왕맷돌이 발견되면서 소실되기 전의 절의 규모를 짐작할 수 있게 되었으니 깜깜이 역사 안의 왕맷돌이야말로 '내가 법주사'라 나설 만하다.

오랜 기억 속의 법주사는 보광명전(현 영산전), 산신각, 요사채만을 갖춘 암자와 비슷한 자그마한 절이었다. 주춧돌의 흔적으로 본디 작은 절이 아니라 소실되기 전에는 어마어마하게 큰 절이었다고 알려져 왔다. 이같이 크나큰 절이 창건되어 소실될 때까지가 1,130년간이다. 천년이 넘는 역사에서 얼마나 많은 보물과 문화재가 소실되었을까. 고려시대 축조한 오층석탑(경북도 문화재자료 제27호 1985년 지정), 1690년 재건축한 보광명전(경북도 문화재자료 제535호, 현 영산전), 1714년(이조 숙종 40년)에 만든 괘불도(보물 제2005호 2018년 국가지정문화재 지정), 국내 유일의 왕맷돌(경북도 민속문화재 제112호 1995년 지정) 등 보물, 문화재자료, 민속문화재를 각각 보유하고 있어 그나마 다행이라고 여겼다.

관람을 마치고 보광루 돌계단을 한 칸 한 칸 내려오면서 일주문에 걸린 '青華山 法柱寺'와 절 안내문의 '法住寺'에 서로 다르게 표기된 柱(기둥 주)와 住(살 주) 자字가 마음에 걸렸다. 일주문을 2015년에 세웠으니 달리 표기한 것이 근래에 이르러서다.

청화산 법주사青華山 法柱寺는 493년(신라 21대 소지왕)에, 속리산 법주사俗離山 法住寺는 553년(신라 24대 진흥왕)에 각각 창건되었다. 청화산 법주사가 속리산 법주사보다 60년 먼저다. 속리산 법주사는 2018년 7월 3일 양산 통도사, 영주 부석사, 안동 봉정사, 순천 선암

사, 공주 마곡사와 더불어 유네스코 세계유산에 등재되었다. 화마에 소실되고 조그맣게 겨우 명맥만 유지해 와서 최근까지 동명이찰同名異刹로 지내올 수 있었던가. 본사인 은해사가 809년(신라 현덕왕)에 창건되었으니 말사인 청화산 법주사의 역사가 316년이나 더 앞선다. 사찰 청화산 법주사의 성쇠가 서열과 이름의 글자 바뀜의 동인이라 여겨짐은 산중, 세속을 불문하고 힘 있는 자의, 승자의 역사라고 믿어서인가.

  속리산 법주사에 3천여 명의 장국을 끓였다는 높이 120cm, 지름 270m 초대형 쇠솥(보물 1413호)이 있다면, 청화산 법주사엔 3천여 명의 식사를 감당한 왕맷돌이 있다. 이 왕맷돌이 고증을 받아 보물의 품계에 올랐으면 싶다. 우리 일행은 '내가 법주사'라던 왕맷돌 이야기로 대사찰의 옛 영화를 주거니 받거니 하였다.

-《군위문학》제9호(2023.)

화양구곡에서 화양연화를 보다

 십 년 가까이 전, 대한민국 명승 110호로 지정된 화양구곡華陽九曲이다. 송宋나라의 주희朱熹가 지은 구곡가九曲歌의 무이구곡武夷九曲을 닮았다고 하여 지어진 이름이다. 가령산, 도명산, 낙영산, 조봉산 등 속리산 자락 부속 봉우리로 둘러싸인 화양천의 길이 3km, 넓이 30,282㎡ 아홉 굽이 계곡이다.

 제1곡으로 거대한 암벽이 하늘을 찌를 듯 떠받들고 있는 경천벽擎天壁, 제2곡으로 구름의 그림자가 냇물에 맑게 비친다는 운영담雲影潭, 제3곡으로 송시열이 효종의 승하를 슬퍼하여 매일 새벽마다 울었다는 바위인 읍궁암泣弓巖, 제4곡으로 들여다보는 물속의 모래가 금싸라기 같다는 금사담金沙潭, 제5곡으로 별을 관측하는 곳 같다는 첨성대瞻星臺, 제6곡으로 드높이 우뚝 솟은 바위가 하늘을 찌를 듯하다는 능운대陵雲臺, 제7곡으로 바위가 꿈틀거리는 용과 같다는 와룡

암臥龍巖, 제8곡으로 푸른 학이 살았다는 학소대鶴巢臺, 제9곡으로 화양천 한가운데 용의 비늘처럼 큰 바위가 이어진 넓고 평평한 하얀 바위를 말하는 파관巴串이 자리 잡고 있다.

화양구곡의 명칭은 우암이 지은 것으로 믿어왔지만, 우암 사후 수제자 수암 권상하가 아홉 개의 명칭을 설정하였고, 단암 민진원이 구곡의 이름을 바위에 새겼다고 알려졌다. 화양서원華陽書院, 만동묘萬東廟, 암서재巖棲齋에서 우암 송시열과 관련된 유적과 발자취를 만나게 된다. 우암이 병자호란 후 고향 옥천과 가까운 이곳 화양동에 은거하면서 학문을 연구하고 후학을 가르쳤기 때문이다. 화양서원은 우암이 머물렀던 곳에 세운 서원이고, 만동묘는 임진왜란 때 원군을 보내준 명나라 황제인 신종과 의종의 위패를 모신 사당이며, 암서재는 우암이 후학을 가르쳤던 재실이다. 더하여 제1곡인 경천벽 바위엔 우암이 화양동문華陽洞門이라고 새겨놓았고, 제3곡인 읍궁암은 우암이 조선 17대 효종이 붕어한 것을 슬퍼하며 새벽마다 한양을 향해 복배 통곡하였다는 바위다.

화양구곡의 중심이라고 이름난 제4곡, 금사당 바위 위의 암서재를 바라본다. 4백 년 가까운 세월이 지났음에도 금사당의 맑은 물은 말할 것도 없이 암서재도 옛 그대로 절경이다. 암서재에서 후학을 가르치는 우암을 상상해 보자니 만감이 교차한다.

우암은 1633년 생원시에 장원급제하고 최명길의 천거로 경릉 참

봉이 되면서 관직에 발을 내디뎠다. 1635년 훗날 효종으로 등극한 봉림대군의 사부로 있다가 병자호란으로 봉림대군이 청나라에 인질로 잡혀감에 사직하고, 1637년 이곳으로 낙향하여 십여 년 후학을 가르쳤다. 1649년 효종이 왕위에 올라서 척화파를 기용할 때 재등용되었다. 1659년 효종이 급서하면서 대두된 서거에 대한 자의대비 복상 1차 예송논쟁에 승리하여 그길로 이조판서-우의정-좌의정까지 승차하였다. 1674년 효종비 인선왕후 서거에 대한 자의대비 복상 2차 예송논쟁에 실패하여 덕원-웅천-장기-거제-청풍으로 이어진 귀양살이를 했다. 1680년 영중추부사로 재등용되었다가 1689년 경종 세자 책봉 반대 상소가 문제가 되어 관작 삭탈과 제주 유배에 처하였고, 한양 압송길에 정읍에서 사약을 받고 81세에 생을 마감하였다.

 우암은 인조-효종-현종-숙종으로 이어진 4대를 봉직하였다. 그의 이름은 임금이 아닌 신하로서 조선왕조실록에 3천 번 넘게 올라 있다. 유일무이한 기록이다. 조선 후기 주자학을 신봉하여 해동성인 海東聖人, 송자宋子라고 불린 정통 성리학자로 정조 임금이 어제시御製詩에서 공부자, 주부자, 송부자 3인을 천지 사이의 날과 씨라며 공부자, 주부자 반열에 올려 칭송했던 인물이다. 그러함에도 교차하는 밝음과 어두움이 어두움 쪽으로 짙게 기우는 것은 어떤 연유일까. 평생을 죽기 살기로 싸웠던 파쟁의 역사 때문은 아닐까.

우암의 81년 생애에서 가장 아름다운 한때, 바로 그의 화양연화花樣年華는 언제였을까. 장원급제했을 때, 관직에 승차했을 때, 임금의 신임을 받았을 때, 당파싸움에서 이겼을 때, 아니면 사랑하는 여인을 사귀었을 때 등등 어떤 경우였을까. 비록 우암의 주관적인 영역이라 할지라도. 아마도 모두 아닐 것이라는 생각의 비약은 임서재를 바라보며 그리는 '학동들을 가르치는 우암의 모습' 때문이다.

화양구곡에서 나의 화양연화는 언제였던가를 곰곰이 되돌아본다. 유년기의 추억, 소년기의 꿈, 청년기의 도약, 장년기의 안정, 노년기의 여유를 두고 아무리 톺아봐도 해답이 어렵다. 지나고 보니 치열하게 살아온 굽이굽이의 어느 날들이 모두 하나같이 화양연화다. 그래도 꼭 답을 내라면 지금이다. 시간에, 경쟁에, 돈벌이에, 관계에 모두 자유로운 지금 말이다.

5
삶의 완성

선비정신의 형상화, 세한도

영원한 '도대체'

〈별이 빛나는 밤에〉에서 관계를 읽는다

굴신屈身

삶의 완성

과정의 가치

나팔꽃의 꿈

4연然

퇴고推敲

찰스 램과의 동행

수필, 문학을 짓는다

선비정신의 형상화, 세한도

　　　　　　세한도歲寒圖, 국보 제180호 정식 명칭 '김정희 필 세한도'이다. 서너 해 전 〈키워드 한국문화〉 시리즈 첫 번째 책 박철상의 『세한도』를 통해서 알았던, 우선藕船 이상적李尙迪으로부터 180년에 이르는 동안 열 사람의 손을 거쳐 마지막 소유자 손창근이 중앙박물관에 기증한 그림이다. 깊은 사연과 겪었던 우여곡절이 보물의 후광이다. '모르는 사람도 없지만 아는 사람도 없다.'는 말보다 더 이상 이 그림을 잘 설명할 수 없을 듯싶다.

　세로 23cm, 가로 61.2cm 크기의 종이에 그린 수묵화다. 1914년에 표구한 원본 끝에는 우선 이상적이 청나라에 들고 가서 받은 16명사들의 제찬題贊, 추사의 문하생 김석준의 찬문撰文, 오세창 이시영의 배관기拜觀記 등이 붙어 있다. 안견의 몽유도원도와 흡사한 긴 두루마리 그림이다.

황량한 겨울 들판에 썩어 이지러져 가는 집 한 채를 중심으로 심하게 등은 굽었으되 푸름을 잃지 않은 늙은 소나무 한 그루와 곧게 뻗어 오른 세 그루의 잣나무를 좌우로 두 그루씩 대칭으로 그렸다. 한 가지 먹으로 오직 속도만으로 진하고 연하게 그린 필법에다 소재와 구도가 극도로 생략되고 절제된 화면이다. 농축된 내면세계와 서화 일치의 극치이다. 간결한 터치touch와 많은 여백에도 품고 있는 이야기로 그득한 느낌이다. 이야기와 그림이 불가분의 관계여서인가. 바로 이야기가 말로 그린 그림이고, 그림이 화폭 위의 이야기여서인가. 얘기를 듣고 싶어 눈길이 그냥 멈춰 서는 묘한 그림이다.

서른세 살 과거에 급제하여 오른 추사의 벼슬길은 명문가 출신답게 순탄하였다. 그러다가 성균관 대사성과 이조참판을 역임하면서 1840년 윤상도의 옥사에 연루되어 제주도에 유배되었다. 절해고도로 유배된, 그것도 위리안치 죄인을 어느 누가 나서서 돕겠는가. 그 어려울 때 예나 다름없이 흠모하면서 청나라를 오가며 어렵게 구한 다량의 귀한 서책을 머나먼 바닷길로 보내준 우선 이상적의 변함없는 의리를 생각하며 고마움의 답례로 그려 보낸 그림이다. 1844년, 그의 나이 쉰아홉 살에 그린 작품이다.

우선 이상적에게 이것을 준다는 '우선시상', 추사 자신의 호인 '완당'이라는 관서를 쓰고 '정희'와 '완당'이라는 낙관을 찍었다. 세한도 옆에 추사가 발문跋文을 써서 작화 경위를 밝혔다.

歲寒然後知松柏之後凋也세한연후지송백지후조(날이 차가워진 다음에야 소나무 잣나무가 늦게 시듦을 안다)라고. 논어 자한편子罕篇에서 따온 공자의 말씀으로 우선 이상적의 흔들림 없는 지조를 기리고 그렸다. 이상적의 의리와 믿음이 추운 겨울 변하지 않고 푸르른 소나무와 잣나무와 같다는 표현이자 추사의 진심이 담긴 그윽한 마음의 전달이었다. 필시 은연중에 자신의 심중을 표출하였을 것이다. 송백과 같은 기상, 그것은 추사 김정희가 평생을 추구한 이상이어서이다.

추사가 세한도에 담아놓은 의리와 믿음은 개인적인 감회가 아닌 조선의 선비정신이자 후대가 본받아야 할 정신이었다. 추사의 세한도는 조선의 선비정신을 형상화한 것이라고 입을 모으는 데서 도드라진다. 한 장의 그림이 아닌, 예술과 학문과 선비정신이 하나 되는 경지가 무엇인지 웅변하고 있는 것이다.

추사는 훈척가문인 경주김문에서 병조판서를 지낸 김노경의 장남이었고, 선진문물 수용과 중상주의 경제정책을 주창하였던 북학파의 일인자 박제가의 제자였다. 등과 전 24세 때 동지부사 아버지를 수행하여 청나라에 가서 옹방강翁方綱, 완원阮元 같은 거유와 접할 수 있었고, 백여 명에 이르는 청나라 지식인들과 광폭적인 교류를 한 스승의 도움을 받았다. 훗날 청나라 거유들이 추사를 가리켜 해동제일통유海東第一通儒라고 칭찬하였고, 그 자신도 그 호칭에 자부심을 가졌던 민족문화의 대 스타였다.

　거유 옹방강의 서체를 따라 거슬러 올라 조맹부趙孟頫, 소동파蘇東坡, 안진경顔眞卿 등의 여러 서체를 익혔다. 더 거슬러서 한漢, 위魏시대의 여러 예서체隷書體에 서도의 근본이 있음을 간파하고 본받고자 하였다. 이들 모든 서체의 장점을 바탕 삼아 독창적으로 창출한 것이 졸박청고拙樸淸高한 추사체秋史體이다. 그의 서화 예술은 조희룡趙熙龍, 허유許維, 이하응李昰應, 전기田琦, 권돈인權敦仁 등에게 많은 영향을 미쳤으며, 당시 서화가로서 조선 후기 예술계의 독보적 위치를 차지하였다.

　보물로서의 세한도의 더 큰 가치는 추사가 세한도를 완성해낸 과정이 우리에게 주는 교훈적 메시지다. 청나라의 화풍을 그대로 답습하지 않고, 연구하고 이를 소화하여 자신의 것으로 만들어냈다는 것이다. 외래문화를 어떻게 수용해야 하는지에 대한 하나의 전범이기 때문이다. 외래문화 수용을 통해 새롭게 창조한 우리 문화가 그 보편적 가치를 확보해나가기 위해서 얼마나 노력해야 하는지를 그의 처절한 삶을 통하여 온몸으로 일러주고 있는 것이다.

-《달구벌수필》제16호(2020.)

영원한 '도대체'

'도대체'라는 말마디로 일찍이 스타덤에 오른 사람이 있다. 소크라테스다. 너무나 당연하다고 여기는 것들에 대하여 '도대체'를 이어가면서 독창적인 질문을 끊임없이 던졌다. 새로운 생각을 끌어내게 하였다. 아고라 광장의 내로라하는 소피스트들을 주눅 들게 하였고, 청년 구경꾼 플라톤을 단방에 제자로 만들었다.

소크라테스가 젊은이들을 다르게 생각하도록 이끌어 타락시키고, 양심의 소리를 들먹이며 신성을 모독했다는 죄명으로 사형선고를 받아 독배를 마시고 죽을 때까지 스스로 기록으로 남긴 것이 아무것도 없었다. '너 자신을 알라.'를 비롯한 소크라테스의 이야기들은 9년 동안 따라다녔던 제자 플라톤이 20편이 넘는 대화편에 정리해 놓은 것이다.

자칭 민주 정부가 스승 소크라테스를 반민주적 방식으로 처형함으로써 제자 플라톤의 정치가를 향한 푸른 꿈은 일시에 사라졌다. 하지만, 스승 소크라테스가 남긴 '도대체'는 지중해의 십여 년 떠돌이 생활에서도 내내 숙제였으며, 시칠리아의 도시국가 시라쿠사의 디오니시오스 왕의 정치자문관에서 노예로 숙청당한 직접적 원인이 되었다.

사약을 받고 황망하게 떠나버린 스승으로부터 넘겨받은 '도대체'라는 숙제의 풀이가 아카데미아에서 낳은 플라톤의 '이데아론'이다. 소크라테스의 '도대체'가 서양철학의 산실이라면 플라톤의 '이데아론'은 서양철학의 옥동자와 같다고 입을 모으는 이유다.

어느 날 문득 플라톤에게 스승 소크라테스가 '도대체'라고 지향한 '진리의 세계'가 '동굴의 비유'로써 설명이 가능하다는 생각이 들었다. 진리의 세계가 태양이 빛나는 동굴 밖의 세계라면 현실의 세계는 동굴 안의 세계와 같다고 여겨졌기 때문이다. 이로써 진리의 세계를 설명하기 위한 '동굴의 비유'라는 우화를 떠올렸다.

그 우화의 구성은 이러했다. 죄인들이 땅속의 동굴에 살고 있다. 그들은 어릴 때부터 동굴 안의 벽을 향해 손발과 목까지 꽁꽁 묶여 있다. 손발과 몸을 움직일 수 없을 뿐 아니라, 목을 돌릴 수도 없다. 따라서 그들은 동굴 안의 벽만 볼 수 있을 뿐이다. 그들의 뒤쪽 굴 밖

멀리서 태양이 비치고 있고, 그들과 태양 사이에는 높다랗게 하나의 길이 나 있다. 사람들은 여러 가지 물건이나 동물들을 이 길을 따라 운반하고 있다. 그러나 동굴 속의 사람들은 동굴 안에 비치는 이 사물들, 짐승들 그리고 사람들의 그림자만 볼 수 있을 뿐이다. 그들은 이들 그림자가 전부라고 생각할 것이다.

그런데 동굴에 갇혀있는 사람 가운데 한 사람이 우연한 기회에 족쇄를 풀고 동굴 밖으로 나왔다면, 처음에는 눈이 부셔서 아무것도 보지 못하다가 차차 사물들, 동물들 그리고 사람들을 보게 될 것이다. 그리고 나중에는 빛나는 태양까지도 볼 수 있게 되고 한없이 행복해할 것이다. 그는 동료들을 가엾게 생각할 것이다. 그가 동굴로 들어가서 동료들을 풀어주고 그들을 태양이 눈부시게 비치는 동굴 밖 세상으로 끌어내려고 한다면 어떻게 되겠는가. 동굴 밖 진리의 세계를 전혀 모르는, 오직 동굴 안이 진리의 세계라고 믿는 사람들에겐 동굴의 평화를 깨는 금기의 행위일 뿐이다. 우르르 달려들어 동굴의 세계에 같이 살 수 없는 인간이라면서 그 사람을 죽여 버릴 것이다. 동굴의 죽음으로써 동굴 안은 다시 본래의 모습을 유지하게 될 것이다.

'도대체'라며 진리의 세계, 곧 이데아의 세계를 찾아 나섰던 그의 스승 소크라테스의 죽음은 다름 아닌 '동굴의 죽음'이라는 것이다.

우화 '동굴의 비유'에서 동굴 속의 그림자 세계는 우리가 일상생활에서 경험하는 현실의 세계이고, 태양이 비추는 동굴 밖 세상은 그가 말하는 이데아의 세계라고 말이다. 바로 이데아의 세계는 참된 세계, 원형의 세계요, 현실의 세계는 그림자의 세계, 모형의 세계이다.

  세상에 살아가고 있는 사람들은 사슬에 묶여 있는 죄수와 같아서 그림자의 세계를 이데아의 세계, 곧 참된 세계라고 잘못 생각한다. 명예나 권력이나 금력이라는 사슬, 물욕 육욕이라는 사슬에 죄수처럼 묶여 있기 때문이다. '동굴의 비유'는 태양이 세상을 밝게 하듯이 생각함으로써, 곧 철학을 함으로써 참된 모습을 찾아 나서야 한다는 것을 가르치려고 했다. 사람들이 현실의 세계에 매달려 있어서는 안 되고 이데아의 세계를 찾아 나서야 한다는 플라톤의 철학적 신념을 담고자 하였다.

  플라톤의 '동굴의 비유'는 기원전 5세기로부터 지금에 이르는 이천오백 년의 시간적, 공간적 변화에도 불구하고 그 의미나 가르침이 지금까지 그대로 관통하고 있다. 오늘날 패권주의, 금전 만능주의, 파벌주의, 개인주의, 쾌락주의, 미모 지상주의, 학벌 지상주의 등등 동굴 속의 사슬에 묶여 있는 무수한 사람들의 그림자 세계가 진리의 세계라는 동굴 밖 햇빛 아래서 하나하나 모두 허물어지지 않고서는

'동굴의 죽음'이 끊이지 않으리라는 것이 역사적 거증이다. '동굴의 죽음'이 없는 세계가 플라톤이 말하는 참된 세계이다. 그러함에도 역사 안에서 '동굴의 죽음'은 언제나 현재진행형이다. 동굴 속의 사슬은 영원한 '도대체'인가 보다.

-《수필과지성》 제15호(2022.)

〈별이 빛나는 밤에〉에서 관계를 읽는다

　　　　　잠실나들목 래빗뮤지엄에 길이 13m, 높이 3m 대형 스크린에 빈센트 반 고흐의 디지털 작품 〈별이 빛나는 밤The Starry Night〉이 전시되었다.

　뉴욕의 현대미술관이 소장하고 있다는 이 그림은 빈센트 반 고흐가 1889년 생레미 요양원에서 밤 풍경에다 상상을 더해 그렸다. 영면에 들기 1년 전이다. 바다처럼 짙푸른 하늘에 달이 태양처럼 불타고, 하늘 가득한 노란 별들이 소용돌이치며, 사이프러스 나무가 불꽃처럼 높이 솟는다. 파문은 일렁이고 별은 더욱 빛난다. 들끓는 에너지로 물결치듯 토하는 말 없는 격정의 시詩다.

　이 한 편의 시에서 폴 고갱을 만나고 빈센트 반 고흐와의 '관계'를 읽게 된다.

　빈센트 반 고흐에게 폴 고갱은 다섯 살 위의 형 같은 존재가 아니라, 함께 지내며 사사 받고자 했던 스승이었다. 도선사와 주식중개인을 거친 폴 고갱, 책방 점원과 선교사를 거친 빈센트 반 고흐, 이들 30대 늦깎이 두 화가는 고흐의 희망대로 아를 노란 집에서 공동작업에 들어갔다. 하지만 두 달을 넘기지 못하고 사달이 났다. 그것은 둘 사이 다툼에서 발작한 고흐가 자기 귀를 자른 불상사였다. 강한 개성과 예술가 특유의 자존심 때문에 생긴 다툼이었다. 이로써 고갱은 타이티로, 고흐는 생레미 정신요양원으로 갈라섰다.

고흐가 자진해서 들어간 정신요양원이지만 치료받아야 하는 환자였다. 병마에 시달리면서도 그림 그리는 작업이 얼마나 큰 기쁨이었으면 그의 동생 테오에게 마치 종교와 같다고 말했을까. 충동을 가누면서 그린 작품이 〈별이 빛나는 밤〉이다.

이즈음 고흐의 일화다. 어느 날 고흐가 창가에 앉아 물끄러미 창밖을 내다보고 있을 때 포장용 천으로 옷을 만들어 입은 이가 지나가는데 가슴팍에 'Breakable'(잘 깨짐)이라는 글씨가 뚜렷이 보였다. '사람은 깨지기 쉬운 존재로구나.'라고 생각하는데, 지나가는 그의 등짝에 'Be Careful'(취급 주의)이라고 쓴 글씨가 이어서 보였다. '사람은 조심스럽게 다뤄야 할 존재로구나.'라며 인간관계에 대한 때늦은 이해와 반성에 이르렀다는 이야기다. 필시 고갱과의 '관계'를 되돌아보게 되었다는 이야기일 터이다.

관심을 먹고 자라고, 관심이 없어지면 경계로 바뀐다는 '관계'이다. 그 가운데에 가장 다루기 어려운 관계가 인간관계라고들 말한다. 알프레드 아들러는 인간관계를 두고 모든 행복의 근원이자 고민의 근원이라면서 비즈니스 관계에서 친구 관계로, 사랑 관계로 나아갈수록 인간관계의 어려움을 점점 더 크게 느낀다고 하였다. 또 임마누엘 칸트는 인간은 자율적인 이성을 지닌 존재지만 이에 못지않게 감성적 한계에 매여있는 존재라고 규정하였다.

인간은 숙명적으로 사회적 존재다. 인간은 태어날 때부터 타인의 도움과 보호가 있어야 하는 의존적 존재다. 가족, 친족, 친구, 친지, 동료, 이웃, 기타 구성원으로 이루어진 사회에서 상호작용을 하면서 살아갈 수밖에 없다. 나아갈수록 인간관계의 어려움을 점점 더 크게 느낀다는 알프레드 아들러의 지적처럼, 인간은 감성적 한계에 매여있는 존재라는 임마누엘 칸트의 규정처럼 인간관계는 끝없는 관심과 진정한 배려를 필요조건으로 한다. 그렇다. 인간관계는 정형이 없어서다. 일을 그만두거나 직장을 옮기는 원인이 일보다 인간관계의 갈등 때문이고, 스스로 목숨을 끊는 극단적 원인도 당면 위기보다 대인관계 문제 때문이라는 현실적 통계가 이의 중요성을 웅변하고 있다.

고흐가 보았던 가슴팍의 'Breakable', 등짝의 'Be Careful'은 포장물의 불안정성을 밝히는 경고문이었다. 잘 깨지는 대표적인 것이 유리그릇이다. 이 유리그릇보다 더 잘 깨지는 것이 인간의 마음이라고 일러준다. 서운한 말마디에도 상처를 입고, 그 상처는 깨진 유리 파편처럼 부딪치는 사람들에게 상처를 낸다. 감정의 바탕인 마음 밭은 보드랍고 연약하여 여차하면 상처를 입는다. 마음먹고 특별히 조심하지 않으면 한순간에 깨어지고 무너져 버린다.

'마음 툭 터놓고 지낼 수 있는 친구가 한 명이라도 있으면 그 인생은 성공한 것이다.'라는 말이 있지 않는가. 우리가 살아가는 데 최고의 자산이야말로 좋은 사람과의 좋은 관계일 것이다. 밝고 부드러운 미소, 지속적인 관심과 배려, 관계로의 투자가 관계의 미학을 실천하고 향유할 수 있는 좋은 관계의 전제이리라.

이제 만년에 이르기까지 나를 힘들게 했던 관계들을 되돌아본다. 누구하고, 언제, 어떤 일로, 무엇 때문에, 어떻게 하였는가를. 대개가 좋은 관계보다 유익이 앞섰던 것들이다. '나이 들면 순해진다.'라는 말의 의미를 알 것만 같다. 폴 고갱과 빈센트 반 고흐 간의 다툼에도 30대 넘치는 에너지가 기폭제가 되었으리라는 믿음은 이 때문이다.

— 《창작산맥》 제47호(2023. 봄)

굴신屈身

　　　　등산이란 것이 도대체 무엇이기에 악천후에도 불구하고 기를 쓰고 오르는 것일까? 오늘도 봄비가 추적추적 내리는 팔공산을 우산을 쓰고 오른다. 동봉을 오르는 수태골을 우리 일행 일곱이 대절을 한 모양새다.

　일주일에 한 번씩 가진 산행이 7백 회를 넘기는 동안 비가 내려도, 눈이 내려도, 혹서에도, 혹한에도 산을 오르는 우리들의 발걸음은 계속되었다. 일행 모두가 '거르지 않는다.'라는 불문율을 잘 지켜서다.

　평생직장에서 삼십여 년을 비비대고 살아와서 생각이나 행동거지가 빼어 닮은, 초 냄새가 나도록 곰삭은 한통속 친구들이다. 일주일에 한 번 갖는 네다섯 시간의 등산은 팀원 모두가 첫 번째로 꼽는 주간 행사이다. 무엇보다 정기적인 만남에 특별한 의미를 둔다. 만남 자체가 소통의 장이기 때문이다. 나이가 들수록 내 이야기를 들어주는 사람이 꼭 필요하다. 말하고, 듣고, 맞장구를 쳐주는 친구가 있다는 사실이 나를 세상의 주류로 살아가도록 하는 에너지원이기 때문이다. 게다가 산행이 거듭되면서 어쩌면 인생의 축소판 같은 등산을 통하여 진정한 삶의 이치를 터득하는 소박한 매력에 빠지기도 한다.

등산은 물리적으로 산 아래의 자기를 정상에 자리하게 하는 체중이동이다. 자기의 두 다리로 목표 지점을 향하여 한 걸음 한 걸음 올라가야 한다. 자기 몫을 어느 누구도 대신해 줄 수 없어서다. 호흡이 거칠고, 힘에 겨워도 계속해서 가야만 한다. 지치고, 탈진하고, 포기라는 유혹의 손길이 달라붙어도 이를 뿌리치고 일어서서 가야만 한다. 인생의 노정처럼 등산도 결국 한발 한발 걷는 과정과 결과일 따름이다.

산에 오르면서 허리 굽히는 것부터 배운다. 허리를 꺾지 않는 사람에겐 산은 결코 오름을 허락하지 않는다. 곳곳 산재한 정상이라는 자리는 거기에 오른 사람이 이마가 땅에 닿도록 허리를 굽혀온 굴신의 대가이다. 정상에 서 보지 않은 사람은 정상의 희열을 모를 것이다. 모든 것이 눈 아래로 보인다. 그것도 한눈에 다 보인다. 스포트라이트를, 존경을 한몸에 받는다. '내가 이루었다.'라는 성취감에 매료된다.

그렇다고 정상엔 좋은 것만 있는 게 아니다. 산에 오르면서 겪어보았다. 정상으로 오를수록 행동반경은 좁아지고, 정상인 꼭대기에 오르면 행동 자체가 부자유스럽지 않던가. 아차 하면 실족하여 굴러

떨어질 위험이 도사리고 있다. 관심과 시선이 집중되어 일거수일투족이 그대로 노출된다. 세상의 크고 작은 어느 정상도 오래오래 머물 수도 없다. 시간이 지나면 밑에서 밀고 올라오는 사람에게 자리를 내줘야만 한다. 정상의 '자리바꿈'이 오름의 목표요, 자리의 순환이요, 힘의 이동이라는 역사이기 때문이다.

이 세상에 정상에서 빨리 내려오고 싶은 사람이 어디 있겠는가. 더러 부주의로 실족하여 추락하는 경우가 있다. 일탈, 과욕, 무리, 미련 때문에 타의에 의해 끌어내림을 당하기도 한다. 실족 추락이나 물리적인 강제가 수반한 끌어내림이라면 정상에 오르지 않는 것보다 무엇이 더 낫겠는가. 그래서 정상에서 적시에, 그것도 안전하게 내려오는 것이 결코 쉬운 일이 아니다.

조변석개하는 정상의 기후조건을 고려하고, 하산 때의 소요 시간과 여건을 충분히 고려하여 계획적인 하산을 하여야 한다. 등산의 사고는 대부분 하산을 잘 못하여 일어난 것들이다. 등산의 첫째 조건인 굴신도 하산 때는 비책이 아니라 땅 짚고 헤매는 뒷걸음치기다. 오직 산에다 몸을 맡기고, 안전이란 지팡이로 균형을 잡고 차근차근 내려와야만 한다.

정상에서 숲으로 내려서면 길도, 나무도, 풀도 보인다. 나는 새도, 재주넘는 다람쥐도 보인다. 좁은 행동반경으로 인하여 정상에서 느꼈던 구속감이 서서히 해방감으로 바뀐다. 마루에서 내려와서 중턱에 이르면 금방 행동반경이 넓어지고 사람들의 뭇시선으로부터 상당히 자유로워진다. 길섶에 서서 곁눈질해 가면서 정상에서 참았던 작은 볼일도 시원스럽게 해결할 수가 있다. 중턱을 거쳐 들머리에 이르면 무사히 산행을 마쳤다는 해방감에 싸인다. 하산으로써 완전한 자유인이 된다. 행동반경은 장삼이사, 필부필부의 무관심 영역으로 확장된다. 펑퍼지게 앉고 싶어진다. 막걸리 주전자 흔들면서 등산 다녀온 표시를 내고 싶어진다.

정상은 정상대로, 산허리는 허리대로, 산 아래는 아래대로 각기 장단점을 달리한다. 세상이란 산 어디에 있어야 하는가보다 어떻게 있어야 하는 것이 가치의 중심이 되어야 하지 않겠는가, 라는 생각을 하게 된다. 이것이 굴신으로 정상에 올랐다가 하산으로 일상으로의 회귀에 이르며 터득하는 삶의 이치다.

등산을 통하여 익혀야 할 으뜸 화두는 단연 '굴신屈身'이다. 세상사에서 굴신의 이미지는 상방향이다. 높은 자리로 오를수록 굴신의 꺾기가 필수 덕목처럼 비치는 세상에서 지위고하를 불문코 굴신의 예禮가 오름으로의 거역할 수 없는 똑같은 조건이라는 것이 산의 통쾌하고 명쾌한 가르침이다. 굴신은 바로 겸손이요, 봉사가 아닌가. 삶 안의 진정한 굴신은 지위고하를 가리지 않는, 만인에의 굴신이라는 것을 등산을 통해서 다시 새기게 된다.

- 《신문예》 제103호(2020. 여름)

삶의 완성

"사람아, 흙에서 왔으니, 흙으로 다시 돌아갈 것을 생각하여라."

재의 수요일 미사에서 사제가 나의 이마에 재로써 십자표를 그으며 하신 말씀이다. 해마다 겪는 예식이지만 나이를 보탤수록 다가오는 감회 또한 더욱 커가는 느낌이 들었다. 흙에서 온 것과, 흙으로 다시 돌아갈 것을 평소에는 이처럼 진하게 느껴보지 못한 터여서 더욱 그러했다.

우리는 죽음을 두고 보통 "돌아가다."라고 말한다. 참으로 성경적인 말이다. "너는 흙에서 나왔으니 흙으로 돌아갈 때까지 얼굴에 땀을 흘려야 양식을 먹을 수 있으리라. 너는 먼지이니 먼지로 돌아가리라."(창세기3,19)라고 기록되어 있다. 하느님께서 죄를 범한 아담에게 하신 말씀대로 흙의 먼지로 취함을 받은 아담 이후 인류는 예외 없이 흙으로 돌아갈 운명이다. 누구에게나 찾아오는 죽음이, 아무도

피하지 못하는 죽음이 곧 흙의 먼지로 돌아가는 것이라고 말이다.

인생이란 것이 한 길 여행과 같다고들 한다. 하나의 생명체로 이 땅에 태어나서 죽음을 통해 흙으로 돌아갈 때까지 약 80~100년, 이것이 인생이어서다. 그러고 보면 내가 사는 집은 여행객의 임시 거처요, 내가 가진 소유는 여행객의 휴대품이요, 심지어 나의 몸도 여행을 끝내고 먼지로 돌아갈 물질에 불과하다고. '나그네 인생'이라고 하였던 선현들의 표현이 마음에 와닿는다.

산다는 것은 여행하는 것이다. 사람마다 여행코스가 다르고, 여행 조건이 다르고, 여행 길이가 다르다. 여행하는 마음이 다르고, 여행하는 느낌마저 다르다. 어떤 이는 괴로운 여행을 하고, 어떤 이는 즐거운 여행을 하고, 어떤 이는 행복한 여행을 한다. 어디 그뿐이겠는가. 여행의 종점에서는 한갓 보람을 느끼기도 하고 거꾸로 통한의 후회를 남기기도 한다.

살아간다는 것은 결국 길을 가는 것이다. 갈 수 있는 길이 있고, 갈 수 없는 길이 있다. 반드시 가야만 하는 길이 있고, 도저히 가서는 안 될 길이 있다. 사람의 길이 있고 짐승의 길이 있다. 사람답게 사는 것이 사람의 길이고, 짐승처럼 사는 것이 짐승의 길이다. 어떤 길을 선택하느냐에 따라서 어떤 이는 이름을 남기고, 어떤 이는 상흔을 남긴다. 어떤 이는 공덕을 남기고, 어떤 이는 죄업을 남긴다.

삶의 여정은 종국에는 죽음으로 완성된다. 잘 죽는 것이 곧 잘 산

것으로 평가받는다. 때문에, 삶에 대한 평가도 죽음을 통해서 이루어진다. 나의 삶이 타인의 삶과 어우러져 시너지효과를 내고, 자연과 역사에 보탬이 되고, 그로 인하여 기쁨과 행복을 누릴 때에 아름다운 죽음을 맞이할 수 있을 것이다. 그리고 보면 어떻게 죽느냐의 문제는 곧 어떻게 사느냐의 문제요, 죽음에 부여하는 가치는 결국 삶에 부여하는 가치라는 역설이 성립된다.

씨앗은 자기 안에 처음부터 열매를 품고 있었지만 정작 자기의 죽음으로 열린 열매는 결코 보지 못한다. 부활은 고통에 짓눌려 거기에 항복하거나, 고통을 우려하면서 자기에게 주어진 십자가를 외면하고서는 체험할 수 없는 것이리라. 인류의 죄를 대속한 예수그리스도의 거룩한 십자가 죽음에 동참함으로써 부활을 통한 영생을 얻는 것을 믿고, 희망하고, 실천하는 것, 이것이 기독교인의 죽음 인식이다. "삶과 죽음은 형태만 다를 뿐 연속된 삶이고, 죽음은 새로운 생명으로 건너가는 문이다."라는 사제의 강론에서 믿고, 희망하고, 실천하는 에너지를 보탠다.

세례 후 서른아홉 번째 지내는 재의 수요일에 평소 가장 마음에 두었던 성경 구절, "나는 그리스도와 함께 십자가에 못 박혔습니다. 이제는 내가 사는 것이 아니라 그리스도께서 내 안에 사시는 것입니다."(갈라티아서 2,19-20)를 되새겨본다.

- 재의 수요일(2019.)

과정過程의 가치

　　돈벌이라는 '결과' 때문에 안전이란 '과정'은 무시당하고 홀대당해 왔다. 뉴스 속의 대개의 사고들은 '과정의 가치'를 상실한 사회시스템이 자초한 것이라는 데 이의가 없을 듯싶다. 끊이지 않는 초대형 사고를 접할 때마다 좌절하고, 비통한 마음으로 '과정의 가치'를 상실한 우리 사회를 되짚어 보게 된다.

　'모로 가도 서울만 가면 된다.', '꿩 잡는 게 매'라는 속담이 있다. 둘 다 수단과 방법을 가리지 않고 목적만 이루면 된다는 결과지상주의 깃발이다. 우리나라가 압축 성장을 해오면서 너와 나를 불문하고 모두가 결과지상주의 가치관에 오도되어 살아왔다. '빨리빨리', '바쁘다, 바빠'를 입에 달고 사는 사람이 적지 않았다. '이판사판', '죽기 살기', '도 아니면 모'라는 결기에서 목숨을 내건 결과 지향성의 속살을 적나라하게 드러낸다.

이러한 결과지상주의 사회를 살아오면서 과정의 중요성은 때때로 현실과는 거리가 먼 논리적인 수사에 불과하다는 생각을 지울 수 없었다. 정상적인 과정을 밟지 않거나 아예 과정 자체를 건너뛰려는 비정상적인 경쟁 환경 때문이었다.

몇 해 전 구름 관객의 가슴을 울렸던, '과정의 가치'를 그린 '우생순'이란 영화가 있었다. '우생순'은 '우리 생애의 최고의 순간'이란 영화제목의 약칭이다. 비인기종목 여자핸드볼 국가대표팀이 2004년 아테네올림픽에 출전하기까지의 파란만장한 역경 극복의 스토리, 피와 땀으로 일군 팀워크, 결승전에 오르기까지의 사력을 다한 최선, 편파 판정을 당해가면서도 전·후반전과 연장전을 모두 동점으로 끝내고 승부던지기까지 갔던 빛나는 과정을 그린 것이다.

"경기 결과가 어떻게 나오더라도 우리 울지 말자."

감독은 선수들에게 이 말을 남기면서 벤치로 향한다. 경기의 클라이맥스요, 영화의 클라이맥스에서다. 영화는 '과정의 가치'라는 메시지를 던지고 있었다. 결과에 대한 과정의 정당성을 묻고 있었다. 하지만 과정보다 결과에 길들여진 탓이었을까? '과정의 가치'라는 주제가 던지는 메시지에 흔쾌히 동의하지 못하는 그 무엇인가를 느꼈다. 그 무엇은 아마도 최선이라는 '과정의 가치'가 '부도덕한 결과'에 패배한 허탈감이 아니었을까.

과정의 가치를 등산에 비유해 보자. 등산은 사점死點에 이르는 육체적인 고통과 끈질긴 포기의 유혹을 극복해 가는 고독한 수행이다. 오직 자기의 힘과 노력으로 한 걸음 한 걸음 오르는 과정의 결과다. 차를 타고 가서 중턱부터 오르고, 케이블카를 타고 오르고, 헬기를 타고 오른다면 정상에 오른들 무슨 의미가 있겠는가. 성취감에서 오는 보람과 행복을 맛볼 수 있겠는가. 결과에 대하여 잠시 기쁨을 누릴 수 있을지 몰라도 결국은 허망한 것일 터이다.

이처럼 반칙이나 눈속임으로 일군 결과에 대해서 어느 누가 이를 인정하고 존중하겠는가. 행여 이를 인정하고 부추기는 사람이 있다면 그는 범법자요 조직 파괴자일 뿐이다. 거꾸로 비정상적이고, 비합법적인 과정 때문에 실패한 결과를 두고 어느 누가 이를 승복하겠는가. 공인된 절차와 방식대로 최선을 다한 과정이 결과로 이어졌을 때 그 결과는 빛을 발하고, 과정 또한 아름다운 도전자에게 행복감을 선사할 것이다.

결과가 결과로서 인정받기 위해서는 결과에 이르기까지의 모든 과정이 정상적이고 합리적일 때만 가치가 있을 것이다. 지금까지의 결과지상주의 풍토가 바뀌지 않은 채 앞으로도 모든 과정이 비정상적이고 비합리적인 상태로 우리들의 관심 밖에 있다면, 또 다른 성수대교 붕괴 사고, 대구지하철공사장 가스 폭발 사고, 삼풍백화점 붕괴 사고, 세월호 침몰 사고를 어찌 막을 수 있겠는가.

너도나도 "결과가 말해 준다."며 과정이 안중에 없다면 과연 살 만한 세상이 올 것인가. 승자와 패자만 있을 것이다. 가진 자와 못 가진 자와의 구분만 있을 것이다. 승자와 가진 자들의 업신여김과 패자와 못 가진 자들의 증오가 부딪치는 파쟁의 사회가 될 것임은 의심의 여지가 없다. 계층 간에 믿음이 없고 존중이 없는 사회는 희망을 잃은 죽은 사회일 뿐이다. 계층 간의 상호 존중과 나눔과 보살핌으로 엮어진 사회만이 살아갈 만한 세상이다. 이러한 살아갈 만한 세상은 과정의 가치가 존중받는 세상이어서이다.

바람직한 인생은 변칙이나 사술이 아니라 노력의 대가가 결실로 이어져 나의 행복이 이웃 행복으로 커가는 존재의 삶이기 때문이다.

시간도 과정이고, 공간도 과정이며, 시공에 헌신하는 우리들의 노력도 모두 과정이다. 그 과정에 행복이 숨어 있고, 그 과정이 들어서 우리에게 살 만한 세상을 열어간다. 결과는 채거나 기만할 수 있어도 과정은 어림도 없다. 결과는 순간이지만 과정은 영원해서다.

-《대구가톨릭문학》제26호(2021.)

나팔꽃의 꿈

　　　　　산책길 여자고등학교 울타리에 기어오른 나팔꽃 잿빛이다. 차가운 철망 가슴으로 끌어안은 채 얼어붙은 검불의 몸이다. 산산이 부서지지 않고는 풀릴 수도, 쉴 수도 없는 꼼짝달싹할 수도 없는 철조망 밖의 구금이다. 꽃 대궐 차려 나팔 불었던 환희는 손잡은 생과 사의 영어에서 또다시 오를 내일을 수태하고 있다. 미동도 없다. 풀풀 흩날리는 눈발 속에 그냥 부서지기만을 기다리는, 넝쿨이 놓아주지 않는 나팔꽃.

　철없이 꽃피웠다가 미라로 현시된 나팔꽃, 인도가 고향인 한해살이 덩굴풀이다. 중국을 거쳐 조선 초기에 씨앗을 약재로 쓰고자 일부러 모셔 온 꽃이다. 나팔꽃 씨 한 말과 소 한 마리를 맞바꾼다고 하여 견우자牽牛子라고 불리었다니 얼마나 귀한 대접이었던가. 푸르거나 붉은 나팔꽃의 씨를 흑축黑丑, 흰 나팔꽃의 씨를 백축白丑이라며 약용으로 심어오다 꽃이 고와 관상용으로 개량된 꽃. 여러 색깔의 꽃들은 삼천리 방방 기쁜 소식 전하는 아침 나팔수였다.

세상인심은 언제인가부터 달라져 버린 모양이다. 오백여 년에 이르는 기나긴 세월의 귀하심을 까마득히 잊고서 한갓 야생화로만 대우했으니 말이다. 태양을 부끄러워하는 바람둥이 꽃이라고 힐난하고, 오른돌이라며 오르는 것도 흠잡고, 다른 식물이나 나무에 피해를 준다며 경원시까지 한다. '아침에 피었다가 저녁에 지고 마는 나팔꽃보다 짧은 사랑아~ 속절없는 사랑아~'라고 립스틱 짙게 바른 여인의 슬픈 이별을 짧은 사랑, 덧없는 사랑이라며 나팔꽃을 끌어들여 덤터기를 씌운다.

나팔꽃 꽃송이 하나하나만 보면 아침에 피었다가 저녁에 지지만, 덩굴을 뻗어가면서 차례차례 계속 피워낸다. 백일홍 꽃송이 하나하나가 백 일 동안 피우던가. 7-10월까지 계속 피워내는 나팔꽃 사랑은 얼마나 길고 긴 사랑인가. 이주해 와서는 식물계의 문·강·목·과가 같은, 대낮까지 꽃을 피우는 메꽃과의 사랑 경쟁도 견뎌냈다. 토종과 구황이란 넘기 버거운 벽까지 넘어선 오르고 오른 장도였다. 무성음 나팔꽃 나팔 소리가 기쁜 소식으로 들리기까지.

나팔같이 생겨 나팔수가 된 나팔꽃, 필시 나팔 불 의욕을 충전하는 중이리라. 나팔꽃 겨울나기, 형벌이라 할 수 없는 환희의 영어다. 온전한 꿈의 수태다.

-《대구의 수필》제16호(2020.)

4 연然

로그인, 카페 '사랑방'이다.

내가 올린 글의 클릭 수부터 확인하고, 달린 댓글로 반응을 살핀다. 그리고는 새로 올라온 글들을 읽고 댓글로 맞장구도 친다. 익명이란 가면을 쓰고 모인 사랑방은 더러 일과성 해프닝은 있을지라도 언제나 사랑과 우애로 그득하다.

사이버 세상 여기저기 오가다가 자연自然스럽게 사랑방에 들어와서, 의무처럼 당연當然하게 글 써 올리고, 필연必然으로 만난 사람처럼 사랑과 우애를 나누고, 그러다가 정기모임이나 번개에서 가면을 벗고서 살맛 나는 우연偶然을 만나기도 한다. 자연自然, 당연當然, 필연必然, 우연偶然이 버무려지는 사랑방이다.

한자 然(그러할 연)은 '그러하다'라는 뜻이다. 어두語頭 자·당·필·우

自·當·必·偶에 따라 네 가지 연然의 달리하는 그 의미를 살펴본다.

먼저 자연自然은 '있는 그대로 그러함'이다. 자연은 삼라만상의 대자연을 의미하고, 순리라는 의미를 함축하며, '자연스러운' 의미를 나타낸다. 겨울이 가면 봄이 오고, 씨가 자라 열매를 맺고, 암수가 서로 정을 나누는 그러한 것이다. 우주의 순리다.

다음으로 당연當然은 '마땅히 그러함'이다. 당연은 이치로 보아 마땅하게 그렇게 되어야 옳은 것이다. 부모가 자식을 양육하고, 자식이 부모를 공경하고, 동기간에 우애를 나누고, 친구 간에 신의를 지키고, 이웃 간에 상부상조하고, 나라 사랑을 실천하는 것은 모두가 당연한 것들이다.

그다음으로 필연必然은 '반드시 그러함'이다. 필연은 나의 의사가 아닌 숙명 같은 것이다. 하고 싶지 않아도 해야 하고, 피하고 싶어도 피할 수 없고, 아무리 바빠도 시간을 내어야 하는 그러한 것들이다.

마지막으로 우연偶然은 '어쩌다가 그러함'이다. 우연은 예기치 못한 만남이나 기회다. 필연과 대비되는 것이다. '쨍하고 해 뜰 날'이 바로 우연이다. 우연은 세상을 살맛 나게 한다.

네 가지 연然을 묶어놓고 보니, 문방사우文房四友(종이, 붓, 먹, 벼루)처럼 역할의 차이가 뚜렷하지 않으면서 온전히 상태를 달리하고, 규중칠우閨中七友(자, 가위, 바늘, 실, 골무, 인두, 다리미)처럼 공을 다투지 않을 듯하면서도 자기의 역할이 최고라며 자존감을 내세울 만하다. 인생이란 화두를 던졌을 때, 자연은 물 흐르는 듯 순조로운 것이, 당연은 마땅하게 이루어지는 것이, 필연은 반드시 이루어지는 것이, 우연은 살맛 나게 하는 것이 서로가 최고라고 말이다.

오늘날 현실과 가상의 세계가 융합하여 비롯된 창조적 파괴의 일상을 경험하고 있다. 온·오프라인이 하나다. '오래된 미래의 눈'으로 보자니 가히 혁명적인 새 세상, 새 질서다. 온·오프라인을 동시에 살아감에 있어서, 카페라는 시공간이야말로 4연然이 함께 얽혀 돌아가는 전형적인 곳이라고 여겨짐은 어째서일까. 그것은 우리 삶 자체가 자연自然, 당연當然, 필연必然, 우연偶然이란 4연然의 합작품이기 때문이어서일 듯싶다.

로그아웃, '사랑방'을 나선다.

- 『나를 담는 그릇』 한국수필작가회(2022.)

퇴고推敲

　　　　글을 쓰면서 어휘 '부딪히다' '부딪치다' 자·타동사自·他動詞의 선택을 두고 생각을 거듭하다가 문득 가도기려도賈島騎驢圖를 떠올렸다. 가도기려도는 중국 당나라 승려 가도賈島 시인이 나귀를 타고 길을 가면서 문득 좋은 시상이 떠올라 지긋이 눈감은 채 손으로 허공에다 '퇴推' 자와 '고敲' 자를 넣은 시구를 쓰고 지우는 그림이다.

　가도는 시상의 제목을 「제이응유거題李凝幽居」(이응의 유거에 적다)로 정하고, '한거소린閑居少隣竝(이웃이 드물어 한적한 집)/ 초경입황원草徑入荒園(풀이 자란 좁은 길은 거친 뜰로 이어져 있다.)/ 조숙지변수鳥宿池邊樹(새는 못 속의 나무에 깃들고)/ 승고월하문僧敲月下門(스님이 달 아래 문을 두드린다.)'라고 초안을 잡았다. 하지만, 결구結句를 '밀다推'로 해야 할지, '두드리다敲'로 해야 할지 몰라 나귀를 타고 가면서 오른손을 들어 허공에다 쓰고 지우기를 되풀이하였던 모양이다.

그러다가 자신을 향해 오는 고관 행차와 부딪혔다. 행차 경고가 있었지만 이를 듣지 못한 불상사였다. 가도는 먼저 길을 피하지 못한 까닭을 말하고 정중히 사과했다. 먼발치에서 자초지종 이야기를 듣던 고관이 "내 생각엔 두드리다敲가 좋을 듯하네."라고 도움말로 거들었다. 그 고관이 당송팔대가唐宋八大家 중의 한 사람이며 부현지사副縣知事인 한유韓愈였다. 그래서 결구는 승퇴월하문僧推月下門이 아니라 승고월하문僧敲月下門이 되었다. 한유는 꾸짖기는커녕 뜻밖의 시인을 만나 둘도 없는 시우詩友가 되었다. 이것이 계기가 되어 이른 나이에 가난 때문에 승려가 된 가도는 환속하여 시인의 길에 정진하였다.

가도와 한유의 만남인 이 고사古事로 인해 퇴推와 고敲 두 자 모두 문장을 다듬는다는 뜻이 전혀 없는데도 '완성된 글을 다시 읽어가며 다듬어 고치는 일'인 '퇴고推敲'라는 고사성어故事成語로 태어났다.

가도는 「심은자불우尋隱者不禹」, 「모과산촌暮過山村」 등 '언어의 뜻'이 숨어 있는 시작詩作을 남겼다. 「심은자불우尋隱者不禹」를 두고 훗날 송나라 구양수歐陽修는 '묘사하기 어려운 광경을 몇 마디 시어를 통해 그려내어 무한한 뜻을 불러오고 있다.'라고 극찬하였다. 송나라 구양수가 당나라 한유韓愈 유종원柳宗元, 송나라 소순蘇洵 소동파蘇東坡 소철蘇轍 증공曾鞏 왕안석王安石과 더불어 당송팔대가唐宋八大

家이고 보면 이를 미뤄 가도의 시단 위상을 짐작할 수 있고, 열한 살 위 시우 한유와의 교류에서 가도 시 세계가 구축되었으리라는 믿음이다. 승려 시인 가도는 전생에는 가난하고 고독한 시인이었지만 후생에는 퇴고推敲라는 고사성어와 언외言外의 뜻으로 무한한 속내를 표현하는 시법詩法을 남김으로써 널리 크게 존경받는 시인으로 우뚝 섰다.

고치고 또 고치는 당대 시인 가도의 고사성어인 '퇴고推敲'는 초고를 바탕으로 수정·보완하고 정리하는 작업이다. 프로 작가에게는 필수과제다. 맞춤법에 맞는 글인지, 사실관계가 맞는지, 문장이 이상한지 꼼꼼하게 살펴봐야 한다. 집필자를 기준으로 보면 마지막 단계이고, 편집자를 기준으로 보면 기초단계. 집필자의 퇴고와 편집자의 퇴고를 모두 거쳐야만 비로소 작품이 완성된다. '초고는 쓰레기다.'라는 말이 퇴고의 막중함을 입증하고도 남음이 있다. 반공 칼럼 초고에다 퇴고에 퇴고를 거듭하였더니 통일 칼럼이 되었다는 일화가 퇴고의 기능과 중요성을 설명하는 그 예가 되지 싶다.

퇴고는 첫 번째로 쓰인 글에서 빠진 부분과 부족하다고 느껴지는 부분을 찾아 보완해야 하고, 두 번째로 불필요한 부분이 들어가 있거나 지나치게 많이 들어간 것들을 찾아 삭제해야 하며, 세 번째로 글의 순서를 바꾸었을 때 더욱 효과적인 부분은 없는지 살펴보고 문장 구성을 변경하여 주제 전개의 양상을 부분적으로 고치는 것이다. 첫 번째는 첨가의 원칙이고, 두 번째는 삭제의 원칙이며, 세 번째는 재구성의 원칙이다. 적확하고 좋은 글을 쓰기 위해 첨가하고, 삭제하고, 재구성하는 퇴고의 3원칙은 예외 없는 실천을 요구받는다.

우리가 잘 아는 노벨문학상 수상 작가 어니스트 헤밍웨이는 『노인과 바다』를 내면서 200번이나 퇴고하였다고 전해온다. 하지만 출판사의 독촉과 생활고에 시달리며 퇴고 없이 내놓은 도스토예프스키의 『악령』은 화자 1·3 인칭 구별이 없고 전개가 서로 충돌한다. 『죄와 벌』은 도스토예프스키의 생활 형편이 좋아지면서 갈아엎어 다시 쓴 것이고, 『카라마조프 가의 형제들』은 정상적으로 집필 퇴고한 결과물로 알려졌다. 명작 창작을 위한 퇴고의 노고를 산통産痛에 비유하기도 한다. 퇴고를 마친 작가의 '영혼을 소각당한다.'라는 퇴고통推敲痛을 접하면서 퇴고의 역할과 그 무게감을 느끼게 된다.

글 잘 쓰는 비결을 다독多讀, 다작多作, 다상량多想量 세 가지로 요약한 구양수는 자신이 쓴 글을 고치고 다듬어 완성하는 다상량을 큰 자랑으로 여긴 작가다. 자신이 쓴 글을 문에 붙여놓고 드나들 때마다 보면서 수시로 퇴고하였다니 퇴고가 작품의 수준임을 보여준 산 증인이다. '처음부터 잘 쓴 글은 없다. 잘 고친 글이 있을 뿐이다.'라는 글쓰기 으뜸 원칙을 명심할 일이다.

찰스 램Charles Lamb과의 동행

"선생님, 수필 문학에 대해 '원 포인트 레슨one point lesson'을 청하면 무엇을 일러주시겠습니까?"

지난해 연말 초대받은 수필 공부 모임에서다. 자연과학을 전공했다는 만학도가 불쑥 내민 홍두깨 질문이다. 수필창작 기본과정을 거치면서 주제와 제재의 선정, 작품의 구성, 문장 언어의 선택과 조탁, 주제의 형상화, 미적 감흥이나 지적 쾌감 등 숱한 과제와 부딪쳤을 것이다. 원 포인트 레슨은 골프나 야구, 테니스 등 주로 스포츠 경기에서 잘못된 자세를 교정하기 위해서 전문가에 의해 행하는 중요한 한 가지 집중적 가르침이다. 하지만 드넓은 장르인 수필 문학에 대하여 '중요한 한 가지만 집중적으로 가르쳐 줄 것'이 과연 무엇이란 말인가.

내심 난감한 상태였다. 그 가운데 수필창작 교실에서의 경험에서,

게다가 내가 겪어온 수필 문학의 노정에서 느껴왔던 다잡아야 할 최우선의 과제가 떠올랐다. 그건 평소 꼭 일러주고 싶었던 키워드key word, '창작수필 쓰기'였기 때문이다.

"여러분, 원 포인트 레슨으로 '찰스 램Charles Lamb과 동행하라.'라고 일러드리고 싶습니다."

나의 '찰스 램'이란 생각 밖의 한마디 말끝에 모두가 눈과 귀를 매달았다.

현대수필 백 년에도 찰스 램을 모르는 수필가가 수두룩하다. 나 역시 두 권의 수필집을 낼 때까지 잘 몰랐다. 그 뒤에도 영국의 저명한 수필가라는 정도로만 알았다. 그러던 중 십여 년 전에 윤오영 선생의 『수필문학입문』(태학사. 2001)에서 '그러나 찰스 램의 작품이 나오자, 그 형태와 관념은 일변했습니다. 비로소 시·소설과 같은 문학작품의 한 장르를 이루게 된 것입니다. 이것이 현대수필문학의 통념입니다. 만일 의심하시는 분이 있다면, 댁에 돌아가셔서 『세계문예사전』을 찾아보시면 알 것입니다. 거기에는 분명히 램에 와서 비로소 예술품 순문학 작품이라고 기록되어 있습니다.'라는 기술을 발견하였다. 찰스 램의 작품으로 시·소설과 같이 문학작품의 한 장르를 이루게 되고, 순문학 작품이 되었다는 대단한 확인이었다. 찰스 램의 영접은 개인적으로 큰 사건이자 '수필=신변잡기'로 인식되는 현재진행형 심적 갈등을 풀어낼 가르침으로 다가왔다.

『대화편』의 플라톤이 최초의 수필가로, 풍부한 인용문이 특징인 『수상록』의 몽테뉴가 수필의 아버지로, 비유법 연속의 문장으로 진화 변용한 '에세이'의 베이컨이 영국 에세이의 출발점으로, 창작·창작적인 수필 문학작품인 『엘리아 수필집』의 찰스 램이 창작수필의 원조로 이어진 수필의 진화이다. 찰스 램의 창작수필이 우리나라에 들어온 후 최초 최남선의 「가을」이 발표되고, 혼용되어온 25종의 유사 명칭들이 '수필'이란 단일명칭으로 정착되고, 백철 교수가 『문학개론』에 우리나라 최초로 수필을 시, 소설, 희곡과 같이 문학의 독립항목으로 세우고, 백철 교수, 조연현 교수, 윤오영 선생, 공정호 교수 등에 의해 찰스 램의 창작수필의 맥을 이어온 것이었다.

　찰스 램의 소개 문헌에는 찰스 램의 인물과 그의 대표작 「꿈속의 아이들」이 등장한다. 그 작품은 아버지인 화자가 두 아이 존과 엘리스 앞에서 저택에 사셨던 증조할머니 이야기, 아이들의 용감한 큰아버지 이야기, 아이들 어머니와의 사랑 이야기를 환상적으로 풀어낸 소설 같은 작품이다. 이야기 마지막에 '홀연히 눈을 뜨자, 나는 독신자의 안락의자에 조용히 앉아서 잠들었음을 알았다.'라고 수필로 빠져나온다. 액자 구성법에 의한 화자 3인칭 시점의 허구의 작품이다. 우리 수필마당의 허구논쟁과 무관하지 않아서 경이롭게 다가왔다. 『엘리아 수필집』의 작품들은 화자 1인칭 주인공 시점이 아닌 엘리아라는 페르소나persona를 빌린 3인칭 관찰자 시점의 이야기들이다. 시적 감성과 서사로 교직한 창작·창작적 작품들이다.

찰스 램은 저소득 자녀들의 학교인 크라이스트 하스피틀 동창생이요, 문학적 동지이자 친구인 시인 콜리지Samuel Taylor Coleridge의 도움으로 21세에 콜리지의 시집에 4편의 소네트 발표하고, 23세에 시인 로이드Charles Lloyd와 함께 시집을 내면서 진즉 시인으로 활동하였다. 그를 창작수필의 시조로 일컬어지게 된 것은 45세 때부터 엘리아라는 필명으로 《런던 매거진》에 연재하기 시작하여 작품집으로 엮어 낸 1823년 제1집 『엘리아 수필집』, 1833년 제2집 『엘리아 수필 속편』이 결정적이었다. "수필을 이해하지 못하고 시는 쓸 수 있어도, 시를 이해하지 못하고 수필을 쓸 수 없다."라는 윤오영 선생의 지적이 찰스 램의 죽비처럼 여겨졌다.

찰스 램은 가난한 가정에서 태어나 정상적인 교육을 받지 못하였고, 소년기에 직업전선에 내몰렸으며, 어머니를 살해한 정신이상자 누이를 돌보기 위해 평생 독신으로 살다가 59세에 생을 마감한 불우한 작가였다. 문학은 비공식역사다. 승리한 자들의 기록인 공식역사가 아니라 패배한 자들의 비공식역사다. 무시되고 배제되고 잊히고 은폐된 자들을 호명해주고, 어두운 역사의 지층에서 신음하는 소리를 들려주고, 그들의 잊힌 이름을 기록해주는 찰스 램의 수필은 역사적 호명이자 해방의 서사다.

부처님과 동행하는 불자, 예수님과 동행하는 성도에게서 믿음의 방향과 깊이를 가늠할 동행을 본다. 창작수필의 창시자 찰스 램과의 동행이야말로 이 시대 우리 수필 문단에서, 수필가들의 문학의 길에서 신변잡기를 툴툴 털어내고, 수필이 순문학의 길로 나아가게 하는 길라잡이가 될 것이라는 믿음에서다.

- 《한국수필》 제1332호(2022. 10.)

수필, 문학을 짓는다

　　　　　　　예술은 창작이다. 문학예술도 창작이 생명이다. 하지만 문학의 장르인 수필은 생명력인 창작성 결여로 신변잡기와 차별화가 어려운 실정이다. '수필'은 '자신의 경험이나 느낌 따위를 일정한 형식에 얽매이지 않고 자유롭게 기술한 산문 형식의 글'이고, '신변잡기'는 '자기 신변에서 일어나는 여러 가지 일을 적은 수필체의 글'이라는 사전적 정의(한국어 사전)가 시비의 용기마저 꺾어놓는다.

　이는 갑오개혁 이래 우리나라 음악, 미술, 연극, 문학 등 예술 전반이 현대문예사조의 흐름을 따랐지만 유독 수필만이 현대문학 이론과 관계가 없는 듯 예외였다. 현대문학 초창기에 대표적 수필론을 발표한 김광섭과 김진섭은 현대문학 이론과는 아무 관계도 없는 '붓 가는 대로' 일색의 수필론을 폈다. 김진섭은 수필을 신변잡기와 동일시하기까지 하였다. '여기의 문학', '서자문학', '신변잡기' 등 수필의 초창기부터의 사회적 평가는 어쩌면 너무나 당연했다고 여겨진다. 이러한 토양 위의 현대수필 1백 년의 현주소는 양적 풍요이다. 4천여 명에 이르는 수필가, 30여 개에 이르는 수필 전문지, 연간 1만여 편에 이르는 발표 작품이 이를 뒷받침하고 있다. 하지만, 수필 문학에 대해 느끼는 무력감과 불안감은 현재진행형이다. 이러한 수필의 '붓 가는 대로' 폐기는 현대수필의 현안이 된 지 이미 오래다.

우리가 말하는 '수필'은 구문학으로 일컫는 고전문학이 아니라, 갑오개혁 이후 접한 서구문예사조에 의한 '현대문학'이라는 이름의 신문학이다. 플라톤을 최초의 수필가로, 그의 『대화편』을 최초의 수필 작품으로 꼽는다(백철 『문학개론』, 신구문화사). 프랑스 몽테뉴는 에세이(수필)의 아버지로 통하고 그의 『수상록』은 풍부한 인용문이 대표적 특징이다. 그의 에세이는 영국으로 건너가 진화·변용하여 베이컨에 의해 '비유법의 연속의 문장'인 영국식 이름 '에세이'로 변하였다. 몽테뉴의 인포멀 에세이가 베이컨의 산문 수필인 포멀 에세이로 변하였다. 이후 찰스 램이 『엘리아 수필집』으로 창작적인 수필로의 그 진화를 보여주었다. 창작에세이라는 순문학적인 수필을 처음 쓴(백철 『문학개론』, 신구문화사) 창작에세이(창작수필)의 시조로 자리매김하였다. 이것이 서구문예사조에 의한 현대수필이다.

찰스 램의 창작에세이가 우리나라에 들어온 후 최남선이 1917년 「가을」을 발표하기에 이르렀다. 이것이 최초의 창작·창작적 수필로 꼽힌다. 이런 가운데도 우리나라 수필 문학은 수필의 이름조차 통일하지 못한 상태였다. 혼용되어 오던 25종의 유사 명칭들이 소멸 또는 부분 통합되어 〈수상〉〈만필〉〈감상〉〈수필〉 등의 4종류로 압축되었다가, 1920년대 후반에 이르러서 〈수필〉이란 단일 명칭으로 정착하였다(오창익『수필문학의 이론과 실제』).

 백철 교수는 우리나라 최초로 수필을 시, 소설, 희곡과 같이 문학의 독립항목으로 세워서 "수필을 말하는데 있어서 먼저 그것을 다른 나라에서 흔히 말하는 에세이essay의 개념"(백철『문학개론』)으로 설명하였다. 백철 교수에 이어 조연현 교수는 창작적인 변화를 용인하는 산문을 대표하는 것이 수필이라며(조연현『개고 문학개론』, 정음사) 수필의 창작수필 진화 속성을 내다보았다. 윤오영 선생은 "수필을 이해하지 못하고 시를 쓸 수 있어도, 시를 이해하지 못하고 수필을 쓸 수 없다."(윤오영『수필문학입문』, 관동출판사)고 하면서 수필이 또 다른 시문학임을 강조하였다. 공정호 교수는 "이 정의는 고도로 진화한 현대수필에 부합시키기에는 부족한 점이 있다고 하겠으나…."(공정호 외,『영미 희곡 수필 평론』, 신구문화사)라고 '진화'라는 용어를 처음 사용하면서 고도로 진화한 현대수필의 실체를 본 것이다. "서정시를 방불케 한다."면서 수필의 서정시적 분위기를 발견한 것이다.

 창작수필 형식은 운문이 아닌 '현대적 의미의 산문 양식' 문학이란 것이 첫 번째이고, 시도 될 수 없고, 소설도 될 수 없는 수필만의 수필 문학적 감성의 내용을 가지고 있는 문학이라는 것과 외형적으로는 시보다 길고 소설보다 훨씬 짧은 길이의 문학 양식이라는 것이 그 두 번째다. 몽테뉴와 베이컨을 거쳐 진화한 찰스 램의 창작·창작적 에세이가 이 땅에 들어와 최남선을 거쳐 백철 교수, 조연현 교수, 윤오영 선생, 공정호 교수 등등이 일군 토양 위에 창작수필이 발아 착근하여 성장의 지평을 열어가고 있다. 수필이 문학을 짓고 있다.

창작수필은 시적 발상의 산문적 형상화 양식의 문학이다. 그 기본 창작개념은 '구성적 비유의 존재론적 형상 창작'이다. 실제 작품창작에서는 크게 세 가지 양식으로 나타나고 있다. 첫째는 소재에 대한 비유(은유·상징)창작, 두 번째는 시적 정서의 산문적 형상화, 세 번째는 서사(소설·동화·희곡)형태, 등이 기본 창작양식으로 발견되고 있다. 창작수필의 기본 창작구조는 작품의 제재로 선택한 소재 자체의 구성 작업과 소재에 대한 비유 창작이라는 이중 구조로 되어 있다. 이는 많은 작품을 학자들의 창작문학 이론에 근거하여 분석, 비평한 결과에 의해 이루어진 창작양식이다.

문학도 태어나고, 자라고, 죽는 데 예외일 수 없다. 국문학에서 보던 향가, 장가, 경기체가가 지금 자취를 감춘 것이 그 사례다. 생겨나서 한때를 풍미하다가 환경이 바뀌어 그 시대상을 담아내지 못하면 사라지기 때문이다. 수필은 태생적으로 학문적 내용과 예술적 형식을 가진 장르였지만 '사실의 소재'를 작품의 제재로 삼는 양식으로 출발하였다. 수필도 생명이 있어서 성장하거나 쇠퇴한다. 성장에 초점을 맞춰서 말하자면 진화이고 변화이다. 창작력을 잃으면 문학에서 도태되고야 만다.

'붓 가는 대로' 폐기, '수필의 정의' 바로잡기, 수필 명칭 변경, 같다(수필=에세이)와 다르다(수필≠에세이)의 논쟁 종식, 상상과 허구의 경계 설정, 비평의 잣대인 수필학의 정립 등 당면현안의 해결은 결국 발표되는 작품의 수준이 이를 결정하기 마련이다. 수필이 문학을 지어내는 것, 이것이 바로 올바른 진화이자 변화요, 성장이기 때문이다.

- 『글쓰기 작가에게 묻는다』, 한국문인협회(2021.)

작가 문학 연보

■ 경력

2006~현재	대구교대 평생교육원 수필과지성 창작아카데미 운영위원장, 원장
2007~현재	계간《문장》편집, 기획, 자문위원
2007~2010	달구벌수필문학회 회장
2007~2014	대구수필가협회 이사
2012~현재	한국수필작가회 이사, 부회장
2012~2014	대구광역시문인협회 부회장
2013~2014	대구광역시동부교육지원청 문화예술 100인의 멘토
2014~2016	군위문인협회 창립회장
2015~2017	대구가톨릭문인회 부회장
2017~2020	형상시학회 회원
2018~현재	대구시인협회 회원
2018~2020	대구광역시문인협회 감사
2018~현재	(사)한국수필가협회 부이사장
2018~현재	월간《한국수필》편집위원
2019~현재	(사)한국문인협회 이사
2022~현재	여백문학회 회장

■ 저서

2005. 수필집 『거리』

2010. 수필집 『재미와 의미 사이』

2014. 수필집 『춘화의 춘화』

2017. 시집 『사소한 자각』

2020. 시집 『허공 도장』

2020. 수필집 『아린芽鱗』

2022. 평론집 『현대수필의 창작과 비평』

2024. 에세이집 『스케치북 펼치다』

■ 수상

2005. 월간 《한국수필》 수필 신인상

2015. 한국수필작가회 문학상

2015. 계간 《창작에세이》 평론 신인상

2016. 한전전우회 대경예술상

2017. 계간 《문학시대》 시 신인상

2020. 박종화문학상

2020. 대구문학상

2023. 계간 《문장》 평론 신인상